中等职业技术教育国家紧缺型人才培养精品教材——贸易与物流

物流仓储实务

主　编　马焕方　章　洁

副主编　刘程宁　张　宇　肖　莹　邹娟平

参　编　张致韵　顾　斌　邱玲香　黎华婷

西南交通大学出版社

·成 都·

图书在版编目（CIP）数据

物流仓储实务 / 马焕方，章洁主编. —成都：西南交通大学出版社，2020.3

中等职业技术教育国家紧缺型人才培养精品教材. 贸易与物流

ISBN 978-7-5643-7386-3

Ⅰ. ①物… Ⅱ. ①马… ②章… Ⅲ. ①物流管理－仓库管理－中等专业学校－教材 Ⅳ. ①F253

中国版本图书馆 CIP 数据核字（2020）第 038901 号

中等职业技术教育国家紧缺型人才培养精品教材——贸易与物流

Wuliu Cangchu Shiwu

物流仓储实务

主　编 / 马焕方　章　洁

责任编辑 / 罗爱林

封面设计 / 何东琳设计工作室

西南交通大学出版社出版发行

（四川省成都市金牛区二环路北一段 111 号西南交通大学创新大厦 21 楼　610031）

发行部电话：028-87600564　028-87600533

网址：http://www.xnjdcbs.com

印刷：四川森林印务有限责任公司

成品尺寸　185 mm × 260 mm

印张　10.75　　字数　269 千

版次　2020 年 3 月第 1 版　　印次　2020 年 3 月第 1 次

书号　ISBN 978-7-5643-7386-3

定价　35.00 元

课件咨询电话：028-81435775

前　言

随着我国进入新的发展阶段，产业升级和经济结构调整不断加快，各行各业对技术技能人才的需求越来越紧迫，职业教育的重要地位和作用逐渐凸显。2019 年 1 月 24 日，国务院印发《国家职业教育改革实施方案》，首次提出职业院校、应用型本科院校启动学历证书+若干职业技能等级证书制度试点（1+×证书试点）工作，规定职业院校实践性教学课时原则上占总课时的一半以上。

物流业是融合运输业、仓储业、货代业和信息业等的复合型服务产业，是我国国民经济的重要组成部分，涉及领域广，吸纳就业人数多，促进生产、拉动消费作用大，在促进产业结构调整、转变经济发展方式和增强国民经济竞争力等方面发挥着重要作用。在经济全球化、信息化加快推进的背景下，发展物流业已成为推进我国工业化、城市化和国际化，提升综合实力和国际竞争力的重要举措，对于优化资源配置、经济结构调整、改善发展环境、提高经济发展质量等都具有重要意义。

在此背景下，我们编写了本书。根据 1+×证书试点要求，本书坚持工作过程导向的课程设计，加快改善课程体系的专业设置与产业需求对接、课程内容与 1+×职业能力标准对接、教学过程与生产过程对接。本书以储运公司仓储业务的主要工作流程为线索，以仓储业务工作各个环节所需要的能力、技能以及相关知识为重点，以能力培养为主线，创建行动学习环境，以组织学生动手操作、主动探索为教学模式，培养学生的仓储业务能力和综合职业素质。

书中融入了近些年来开展的物流中心作业技能竞赛知识技能点，特别是作业理念，通过授课完成技能竞赛的校内选拔，让所有学生都有机会使用实训设备，都有入选技能大赛的机会。本书将“理实一体”要求与学校的实训条件有机地结合在一起，其中，学习情境就是学校实训室的情景，设施设备就是学校实训室的设施设备，从而将“理实一体”真正落到实处。另外，本书还融入了职业素养教育内容，特别是仓储方面的职业素养。本书共分 8 个模块，在模块下设若干任务，共计 23 个训练任务，任务中又设置“任务准备”“任务描述”“任务实施”等环节。教学评价采用多元化评价方式，即过程评价与总结评价相结合，学生自评、小组互评和教师评价相结合。

通过对本书的学习，学生可以理解并掌握仓储岗位和职业前景、仓储作业流程活动，入库作业、在库作业和出库作业三个阶段的设施设备操作、流程作业和相关的职业素养，整个出入库作业及使用自动化装备完成出入库作业的知识和技能。通过学习，学生能对整个物流仓储作业系统的具体功能和仓储设备有全面的认识。

本书由柳州交通学校马焕方负责组织、协调、统筹全书的编写工作。参与编写的人员有章洁、刘程宁、张宇、肖莹、邹娟平、张致韵、顾斌、邱玲香、黎华婷。

本书附录采用了中职国赛相关单位物流作业中心赛的历年赛题和作业规范。同时，编写过程中还参考引用了大量的文献和资料，在此一并表示衷心的感谢。

由于编者水平有限，虽然在编写过程中反复认真校核，但难免存在不足和欠妥之处，我们衷心希望，广大读者批评指正。

编 者

2019 年 10 月

目 录

模块一

走进仓储

任务一　认识仓储

《物流术语》（GB/T 18354—2006）将物流定义为：物品从供应地向接收地的实体流动过程中，根据实际需要，将运输、储存、装卸、搬运、包装、流通加工、配送、信息处理等功能有机结合起来实现用户要求的过程。而仓储则是通过仓库对物资进行储存、保管以及仓库相关储存活动的总称。它随着物资储存的产生而产生，又随着生产力的发展而发展。仓储是商品流通的重要环节之一，也是物流活动的重要支柱。

学习目标

【知识目标】

（1）掌握仓储的相关知识。

（2）了解仓储在物流中的地位和作用。

【能力目标】

（1）能够熟练说出仓储的定义。

（2）能够熟练说出仓储在物流中的地位和作用。

任务准备

通过仓储知识的介绍，结合生活经验，找出生活中的仓储活动或行为的例子。

任务描述

作为一名即将踏入物流行业的物流人员，我们必须对仓储有充分的认识。它是商品流通的重要环节，一个企业仓储管理得好，则会减少原材料对企业资金的占用，从而提高自身的核心竞争力。从一个物流企业的仓储情况可以看出，企业是否充分地去理解何为仓储，如何管理仓储。因此，物流企业的仓储人员必须了解仓储。

知识平台

一、仓储的概念

“仓”也称仓库，是存放、保管储存物品的建筑物和场地，可以是房屋建筑、大型容器、洞穴或者特定的场地等，具有存放和保护物品的功能。

“储”即储存、储备，收存以备使用，具有收存、保护、管理、贮藏物品、交付使用的意思。

二、仓储的功能

仓储的功能如图 1-1-1 所示。

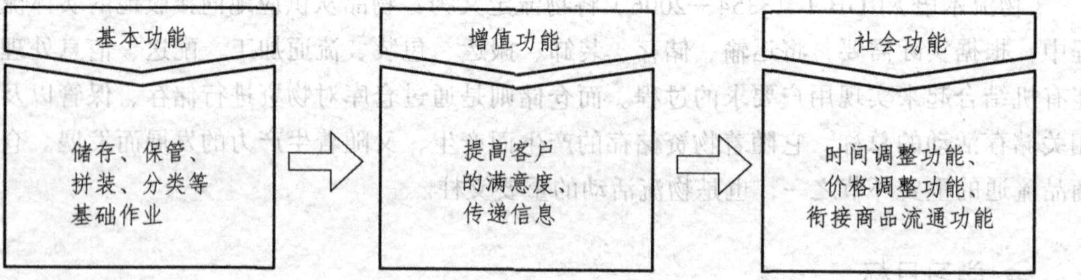

图 1-1-1　仓储的功能

三、仓储的种类

（一）按仓储活动的运作方划分

（1）自建仓库仓储。

（2）租赁仓库仓储。

（3）第三方仓储。

（二）按仓储的功能划分

（1）储存仓储。

（2）物流中心仓储。

（3）配送仓储。

（4）运输转换仓储。

（三）按对仓储物的处理方式划分

（1）保管式仓储。

（2）加工式仓储。

（3）消费式仓储。

四、仓储在物流中的作用

（1）仓储是保证社会再生产过程顺利进行的必要条件。
（2）仓储是物流系统中不可缺少的重要环节。
（3）仓储对商品进入下一环节前的质量起保护作用。
（4）仓储是加快商品流通、节约流通费用的重要手段。
（5）仓储为商品进入市场做好准备。

五、仓储发展过程及趋势

仓储发展过程及趋势如图 1-1-2 所示。

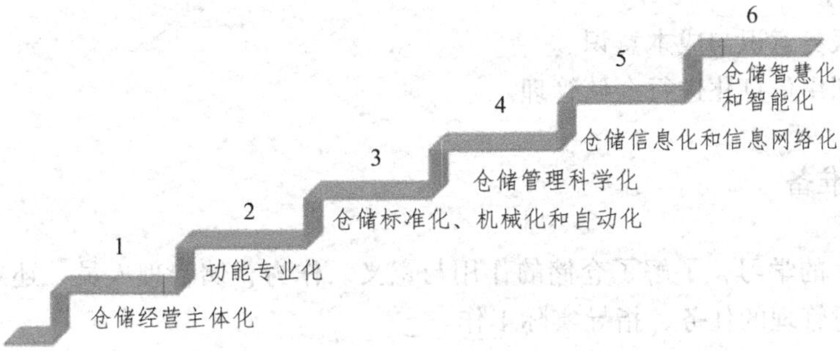

图 1-1-2　仓储发展过程及趋势

任务实施

步骤一：了解仓储的定义。
步骤二：了解仓储在物流中的地位和作用。
步骤三：举例介绍生活中某种存储行为及意义。
步骤四：任务评价。
小组互评如表 1-1-1 所示。

表 1-1-1　小组互评

训练项目	考核要求	配分	评价标准	得分
训练一	定义	30	准确介绍仓储的定义	
	举例	40	举例正确	
	声音	20	声音响亮，普通话发音标准	
	举止	10	举止得体，落落大方	

想一想 练一练

思考：列举仓储活动中逐步智慧化、智能化的环节，并简述智慧化、智能化的影响。

任务二　认识仓储管理

学习目标

【知识目标】

（1）掌握仓储管理的含义。

（2）了解仓储管理的任务。

（3）熟悉仓储管理的基本原则。

【能力目标】

（1）具备服务意识与成本意识。

（2）能够利用信息化进行仓储管理。

任务准备

通过任务一的学习，了解了仓储的作用与意义。作为仓储管理人员，还要熟悉管理的要求，并能够针对管理的任务，指导实际工作。

任务描述

在了解仓储的作用之后，要利用科学合理的方法进行仓储管理，使物资保管实现高效率与高效益。作为仓储管理人员，需要具备服务意识和成本意识，并用辩证的思维描述服务水平与成本的二律背反现象以及在仓储业务方面的表现。

知识平台

一、仓储管理的概念

仓储管理是对物流过程中货物的储存以及由此带来的商品包装、分拣、整理等活动进行的管理。

二、仓储管理的任务

仓储管理的基本任务是提供物流的储存功能、创造时间价值、提高资源效益，是现代物流最为重要的、必不可少的环节之一。仓储管理的任务包括宏观和微观两方面（见图 1-2-1）。

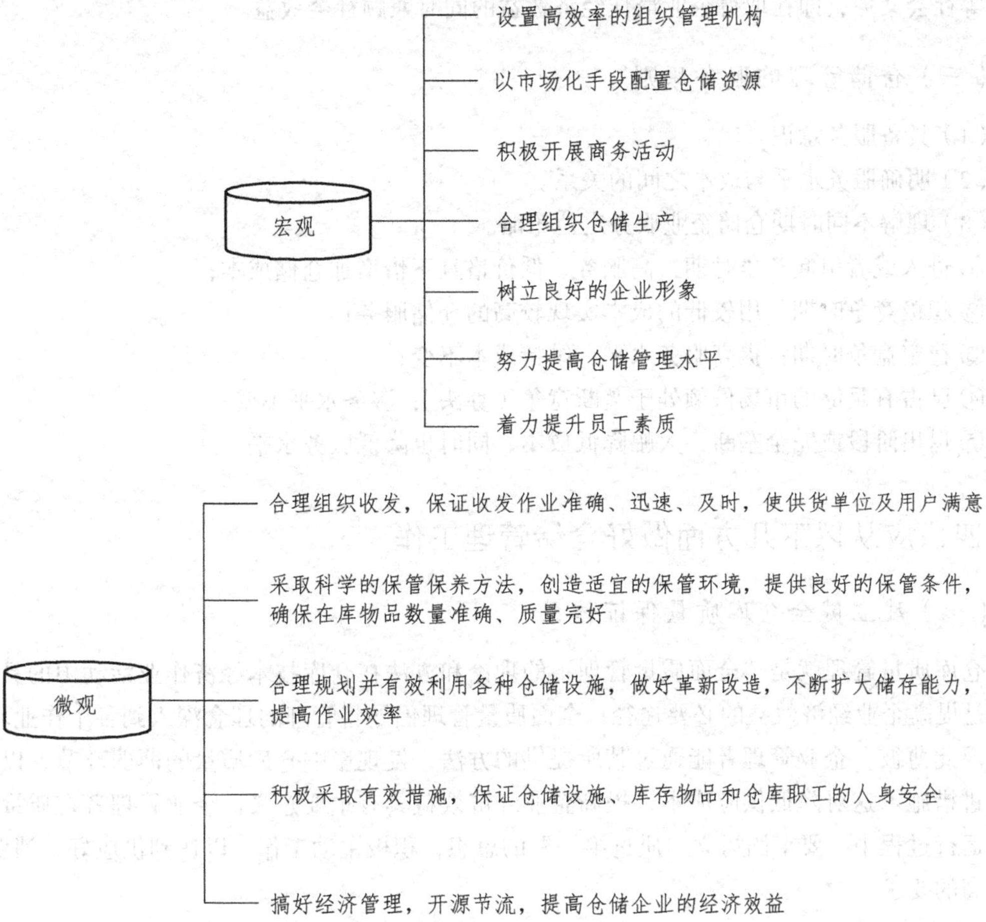

图 1-2-1　仓储管理的任务

三、仓储管理的基本原则

（一）仓储管理的效率原则

仓储的效率体现在仓容利用率、货物周转率、进出库时间、装卸车时间等指标上，体现了“多存储、保管好、快进、快出”的高效率仓储。

高效率的实现通过准确地核算、科学地组织、妥善地安排场所和空间，机械设备与人员的合理配合，使部门与部门、人员与人员、设备与设备、人员与设备之间默契配合，使生产作业过程有条不紊地进行。

（二）仓储管理的效益原则

企业经营的目的是实现利润最大化。

实现利润最大化需要做到经营收入最大化和经营成本最小化。在获取最大经济效益的同时承担部分社会责任，承担履行保护环境、维护社会安定的义务，承担满足社会不断增长的需要等社会义务，即在取得企业最佳经济效益的同时兼顾社会效益。

（三）仓储管理的服务原则

（1）具备服务意识。

（2）明确服务水平与成本之间的关系。

（3）理解不同时期仓储企业服务定位策略。

① 进入或者引起竞争时期：高服务、低价格且不惜增加仓储成本；

② 积极竞争时期：用较低的成本实现较高的仓储服务；

③ 稳定竞争时期：提高服务水平，维持成本不变；

④ 已占有足够的市场份额处于垄断竞争（寡头）：服务水平不变；

⑤ 退出阶段或完全垄断：大幅降低成本，同时也降低服务水平。

四、应从以下几方面做好仓储管理工作

（一）建立健全仓库质量保证体系

仓库质量管理就是“全面质量管理”的理论和方法在仓库技术经济作业活动中的具体运用，是提高企业经济效益的必要途径。全面质量管理倡导将管理的理念深入到各个作业环节，并不厚此薄彼，企业管理者能通过其所提供的方法，发现影响仓库质量的薄弱环节，以便采取改进措施。这对降低供应成本，提高企业经济效益具有重要意义。企业管理者在质量保证体系运行过程中，要牢固树立“质量第一”的思想，积极主动工作，以达到供应好、消费低、效益高的要求。

（二）加强仓储管理各个基本环节

仓储活动虽服务于生产，但又与生产活动不同，它有自身独特的劳动对象和方式。在仓储活动过程中，物资验收、入库、出库等一些基本环节，是仓储业务活动的主要内容。这些基本环节工作质量的好坏直接关系到整个仓储工作能否顺利进行，直接影响整个仓储工作质量的好坏。因此，企业管理者应加强各个基本环节的管理，这是搞好仓储工作的前提。

（三）物资保管、保养是仓储管理的中心内容

物资在入库验收时进行了一次严格的检查后，就进入到储存阶段，因此物资入库后必须实行“四号定位”“五五摆放”，做到标识清楚，合理堆放。同时，企业管理者要做好“三化”“五防”“5S”等工作。以上工作是使物资在储存中不受损失的必要措施，但是因物资本身性质、自然条件的影响或人为的原因，物资数量的损失可能仍会存在。在这种管理模式下，物资损耗有可以避免的，也有难以完全避免的，一般将难以完全避免的称为自然损耗。因此，要求从事储存工作的人员掌握和运用所储存货物的性质及受到各种自然因素影响而发生的质量变化规律，从根本上采取“预防为主，防治结合”的方针，做到早防早治，以最大限度地避免和减少货物损失。

任务实施

步骤一：了解仓储管理的任务和内容。
步骤二：了解仓储在物流管理中的主要原则。
步骤三：了解仓储活动中服务与成本之间的关系。
步骤四：举例描述服务与成本的关系。
步骤五：任务评价。
小组互评如表 1-2-1 所示。

表 1-2-1　小组互评

训练项目	考核要求	配分	评价标准	得分
训练一	定义	30	准确介绍仓储管理的任务	
	举例描述服务与成本的关系	40	举例明确服务与成本的关系	
	声音	20	声音响亮，普通话发音标准	
	举止	10	举止得体，落落大方	

想一想　练一练

思考：质量管理在仓储管理中的意义。

模块二

创建物流公司

任务一　模拟创建仓储型物流公司

学习目标

【知识目标】

（1）正确理解仓储型物流企业的概念。

（2）正确掌握仓储型物流企业的组织架构、运行机制等。

【能力目标】

（1）学会团队合作，增强学生沟通、协调的能力。

（2）能够制定公司理念、企业文化、组织架构，懂得分工合作。

任务描述

成立若干小组，每个小组为一个仓储型物流公司。各组为自己的物流公司设计 logo，并解释 logo 的含义；讨论确定公司理念、企业核心文化、组织架构、人事制度、绩效考核制度；确定小组内各成员在公司内部的职位或岗位。

知识平台

一、仓储型物流企业应同时满足的要求

（1）以从事仓储业务为主，为客户提供货物储存、保管、中转等仓储服务，具备一定规模；

（2）企业能为客户提供配送服务以及商品经销、流通加工等其他服务；

（3）企业自有一定规模的仓储设施、设备，自有或租用必要的货运车辆；

（4）具备网络信息服务功能，应用信息系统可进行货物状态查询、监控。

仓储型物流企业评估指标如表 2-1-1 所示。

表 2-1-1　企业评估指标

评估指标		级别				
		AAAAA 级	AAAA 级	AAA 级	AA 级	A 级
经营状况	1. 年仓储营业收入*	6 亿元以上	12 亿元以上	2 500 万元以上	500 万元以上	200 万元以上
	2. 营业时间*	3 年以上	2 年以上		1 年以上	
资产	3. 资产总额*	10 亿元以上	2 亿元以上	4 000 万元以上	800 万元以上	200 万元以上
	4. 资产负债率*	不高于 70%				
设备实施	5. 自有仓储面积/m^2*	20 万元以上	8 万元以上	3 万元以上	1 万元以上	4 000 元以上
	6. 自有/租用货运车辆/辆	500 以上	200 以上	100 以上	50 以上	30 以上
	7. 配送客户点/个	400 以上	300 以上	200 以上	100 以上	50 以上
管理及服务	8. 管理制度	有健全的经营、财务、统计、安全、技术等机构和相应的管理制度				
	9. 质量管理*	通过 ISO9001—2000 质量管理体系认证				
	10. 顾客投诉率（或顾客满意度）	≤0.05%（≥98%）		≤0.1%（≥95%）	≤0.5%（≥90%）	
人员素质	11. 中高层管理人员*	80%以上具有大专以上学历或行业组织物流师认证		60%以上具有大专以上学历或行业组织物流师认证	30%以上具有大专以上学历或行业组织物流师认证	
	12. 业务人员	60%以上具有中等以上学历或专业资格		50%以上具有中等以上学历或专业资格	30%以上具有中等以上学历或专业资格	
信息化水平	13. 网络系统*	仓储经营业务信息全部网络化管理			物流经营业务信息部分网络化管理	
	14. 电子单证管理*	90%以上		70%以上	50%以上	
	15. 货物跟踪	90%以上		70%以上	50%以上	
	16. 客户查询*	建立自动查询和人工查询系统			建立人工查询系统	

二、物流企业仓储部门组织结构

物流企业仓储部门组织结构如图 2-1-1 和图 2-1-2 所示。

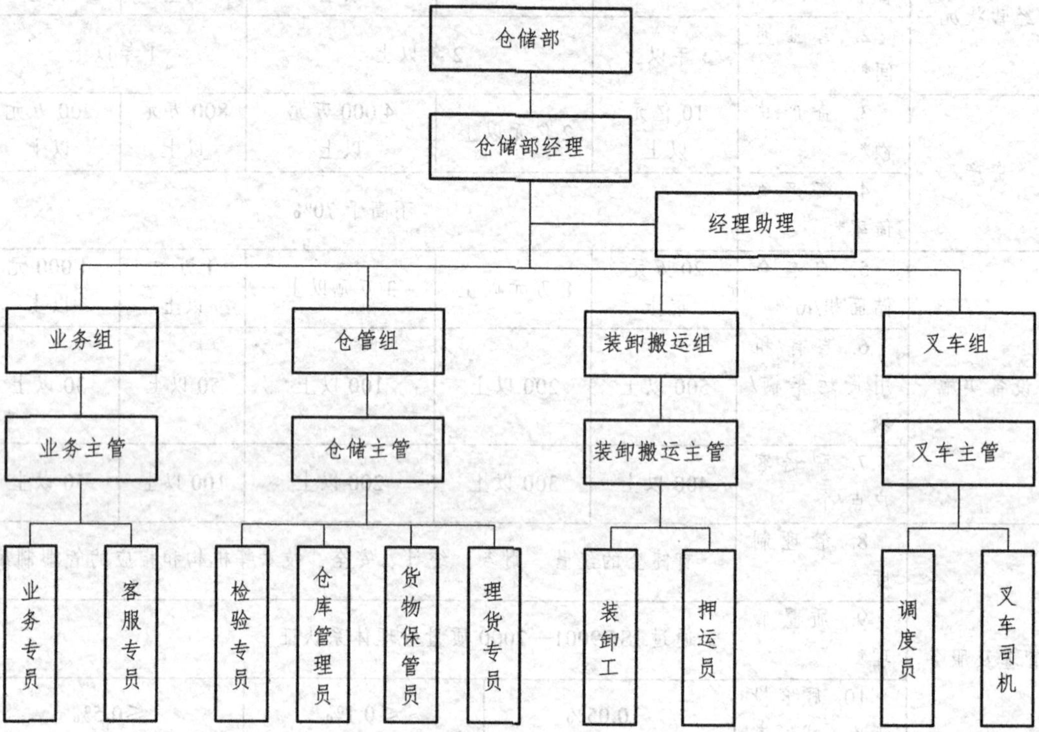

图 2-1-1　仓储部门组织结构（1）

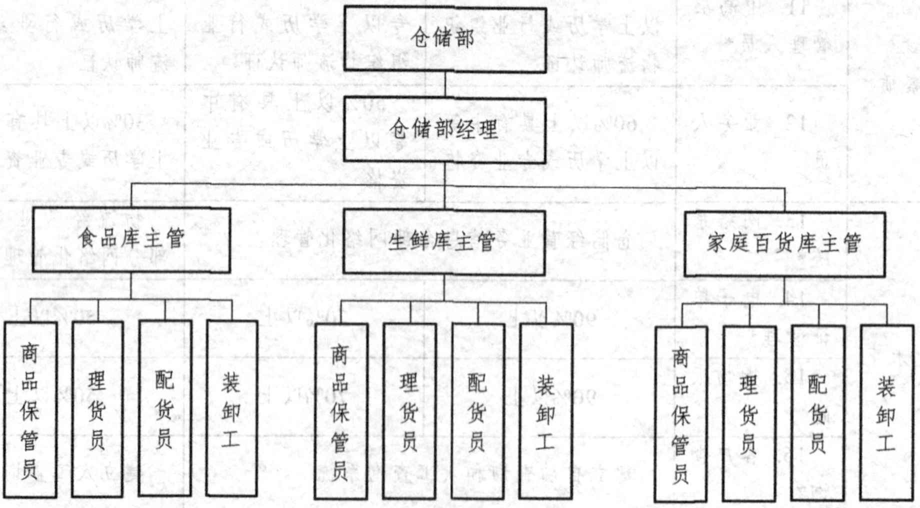

图 2-1-2　仓储部门组织结构（2）

任务实施

步骤一：确定公司的名称及含义。

步骤二：设计公司的 logo 并解释含义。

步骤三：讨论确定公司理念、企业核心文化、组织架构、人事制度、绩效考核制度。

步骤四：确定小组成员的工作岗位及岗位职责。

步骤五：每个小组上台介绍自己公司的名称及含义、logo 及含义、公司理念、企业核心文化、组织架构、人事制度、绩效考核制度、小组成员的工作岗位及岗位职责。

步骤六：任务评价（见表 2-1-2）。

表 2-1-2　任务评价表

训练项目	考核要求	配分	评价标准	得分	备注
创建自己的仓储型物流企业	公司名称及含义	20	公司名称是否有特定含义、是否便于记忆、有代表性		
	公司 logo 及含义	20	logo 与公司名称是否关联、有内在含义		
	公司文化、理念	20	公司文化、理念积极向上，能激励员工		
	组织架构	10	组织架构完整、不繁杂		
	人员分工	10	人员分工明确，各司其职		
	上台介绍	20	声音洪亮、仪态得体，介绍内容完整		

任务二　仓储基层岗位设置

学习目标

【知识目标】

（1）熟悉仓储基层的常见岗位。

（2）了解仓储基层常见岗位的职责。

【能力目标】

（1）能够熟练说出常见的仓储岗位。

（2）能够分别说出仓储各岗位的职责。

任务描述

每一个岗位都是根据工作流程来设置的，各个岗位之间的工作密不可分，缺一不可，构成一个完整的仓储工作。本任务要求学生掌握仓储的岗位以及各个岗位的职责，在整个仓储过程中各岗位的作用。

知识平台

一、仓储部的职能

仓储部的职能如表 2-2-1 所示。

表 2-2-1　仓储部的职能

部门名称	仓储部	上级领导	总经理
下设岗位	仓储经理、仓储主管、装卸主管、仓库管理人员、货物保管员、叉车司机、装卸人员		
部门职能描述	合理规划仓库储位，合理设计货物的存放区域、摆放位置与堆放规则，进行货物的出入库、仓储保管、库存管理工作，提高仓库空间利用率		
部门职能分解	1. 仓储部组织结构建设	（1）仓储部组织建设； （2）仓储部人员的培训、考核	
	2. 仓储管理制度建设	（1）制定仓储管理相关的制度、工作规范； （2）对仓储管理相关的制度、规范的执行情况进行监督、检查； （3）仓储工作流程的制定与执行	
	3. 仓储规划管理	（1）协助总经理设计仓库、配置仓储设备、制订仓储计划、计算仓储成本、建立仓储管理信息系统等仓储总体规划工作； （2）合理规划仓库储位、存放区域、摆放位置与堆放规则	
	4. 仓储作业管理	（1）货物入库管理； （2）货物仓储保管工作； （3）货物出库管理； （4）退货管理	
	5. 库存管理	（1）库存控制管理； （2）盘点管理	
	6. 仓库安全、清洁管理	（1）落实仓库安全防火、防盗措施，做好检查、防范工作； （2）做好仓库内的清洁工作	
	7. 仓储工具管理	（1）对仓储环节中使用的各种货架、叉车、堆垛机械、起重机械、分拣机、托盘、搬运车、传输机械、检验仪表、检验工具等仓储工具进行使用与管理； （2）对叉车及各种仪器、设备进行维修保养工作	
	8. 仓储信息管理	（1）建立保管货物档案，做好台账和出入库作业记录，保证账、卡、物相符； （2）根据单据或信息，做好信息系统的作业信息录入工作	

二、仓储管理人员的基本要求

1. 对仓库管理人员的基本素质要求

（1）具有丰富的商品知识。

（2）掌握现代仓储管理的技术。

（3）熟悉仓储设备及其性能。

（4）具有较强的办事能力。

（5）具有一定的财务管理能力。

（6）具备管理者应有的素质。

（7）具有现代物流管理的知识和较强的物流运作管理能力。

2. 对仓库保管员的要求

（1）认真贯彻仓库保管工作的方针、政策、体制和法律法规，树立高度的责任感，忠于职守，廉洁奉公，热爱仓库工作，具有敬业精神；树立为客户服务、为生产服务的观点，具有合作精神；树立讲效率、讲效益的思想，关心企业的经营。

（2）严格遵守仓库管理的规章制度和工作规范，严格履行岗位职责，及时做好物质的入库验收、保管保养和出库发运工作；严密各项手续制度，做到收有据、发有凭，及时准确登记销账，手续完备，账物相符，把好收、发、管三关。

（3）熟悉仓库的结构、布局、技术定额、熟悉仓库规划；熟悉堆码、苫垫技术，掌握堆垛作业要求；在库容使用上做到：妥善地安排货位，合理高效地利用仓容，堆垛整齐、稳固，间距合理，方便作业、清数、保管、检查、收发。

（4）熟悉仓储物的特性、保管要求，能针对性地进行保管，防止和避免货损货差，提高仓储质量；熟练地填写表账、制作单证，妥善处理各种单证业务；了解仓储合同的义务约定，完整地履行义务；妥善处理风雨雪、冷冻等自然灾害对仓储物质的影响，防止和减少损失。

（5）重视仓储成本管理，不断降低仓储成本。要妥善保管好剩料、废旧包装，收集和处理好地脚货，做好回收工作。使用器具、苫垫、货板等时，要妥善保管、细心使用，以延长使用寿命。重视研究物质仓储技术，提高仓储利用率，降低仓储物耗损率，提高仓储的经济效益。

（6）加强业务学习和训练，掌握计量、衡量、测试用具和仪器的使用；掌握分管货物的特性、质量标准、保管知识、作业要求和工艺流程；及时掌握仓库管理的新技术、新工艺，适应仓储自动化、现代化、信息化的发展，不断提高仓储的管理水平；了解仓库设备和设施的性能、要求，督促设备维护和维修。

（7）严格执行仓库安全管理的规章制度，时刻保持警惕，做好防火、防盗、防破坏、防虫鼠害等安全保卫工作，防止各种灾害和人身伤亡事故，确保人身、物资、设备的安全。

任务实施

步骤一：按新组建的公司，安排人员结构。

步骤二：根据作业任务来设计岗位。

步骤三：熟悉每个作业需要的人员及其岗位职责。

步骤四：任务评价。

想一想 练一练

（1）按组（公司）讨论，列举仓储公司的常设岗位，并制定岗位工作内容（见表 2-2-2）。

表 2-2-2 岗位工作内容

序号	岗位名称及人数	岗位职责 1	岗位职责 2	岗位职责 3	岗位职责 4	岗位职责 5

（2）每个小组将自己讨论的结果与其他小组分享，并对其他小组所记录的内容及表现进行评价。

小组互评如表 2-2-3 所示。

表 2-2-3 小组互评

训练项目	考核要求	配分	评价标准	得分
1	岗位设置	30	岗位设置是否合理	
2	岗位职责	50	岗位职责是否清晰	
3	团队合作	20	团队合作、分工情况	

任务三 仓储管理要求（5S）

学习目标

【知识目标】

（1）熟悉 5S 的内涵。

（2）了解仓库 5S 的要求规范。

【能力目标】

（1）能进行 5S 日常维护与检查。

（2）养成良好的作业素养。

任务准备

（1）仓库每日自我检查。
（2）5S 日常维护与检查。

任务描述

XD 物流公司意识到企业有人、物、事等三方面安全的“三安原则”，需要 5S 来帮助其分析、判断、处理自身所存在的各种问题。实施 5S，能为公司带来巨大的好处，可以改善企业的品质，提高生产力，降低成本，确保准时交货；同时，还能确保安全生产，保持并不断增强员工的士气。一个企业要想改善和不断提高企业形象，就必须推行 5S 计划。

仓管员该怎么执行 5S 计划？

知识平台

一、5S 的内涵

5S 即整理（Seiri）、整顿（Seiton）、清扫（Seiso）、清洁（Seiketsu）、素养（Shitsuke），如图 2-3-1 所示。

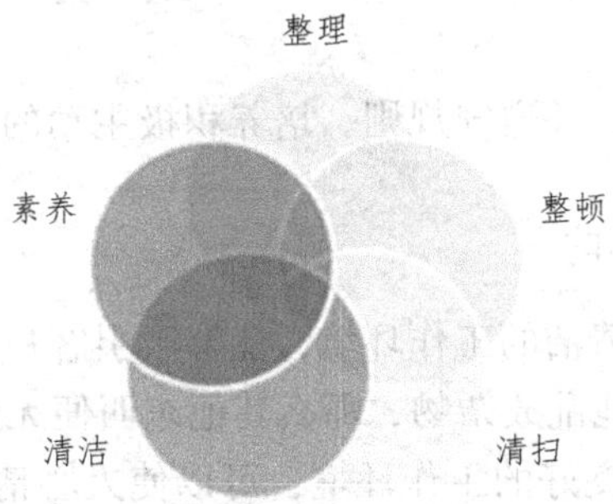

图 2-3-1　5S 的内涵

二、管理步骤

5S 现场管理法，又称“五常法则”或“五常法”，20 世纪 50 年代兴起于日本企业，国内常见商业管理教育如 EMBA 及 MBA 等也对 5S 现场管理法进行了介绍。

6S 管理是 5S 的升级，与 5S 管理一样兴起于日本企业。6S 即整理（Seiri）、整顿（Seiton）、清扫（Seiso）、清洁（Seiketsu）、素养（Shitsuke）、安全（Security）。

（一）整理

（1）现场检查：对所在的工作场所（范围）进行全面检查，包括看得到的和看不到的；
（2）制定标准：“要”和“不要”物品的标准；

（3）清除不要物品；
（4）适度定量：调查需要物品的使用额度，决定日常用量；
（5）制定废弃物的处理方法；
（6）自我检查：每日循环整理现场。

（二）整顿

（1）分析现状：落实整理工作，规划作业流程；
（2）物品分类：确定物品放置场所、规定放置位置、进行标识；
（3）定置管理：画线定位。

（三）清扫

（1）领导以身作则，人人参与；
（2）建立清扫责任区（室内外），责任到人，不留死角；
（3）将清扫、点检、保养相结合；
（4）杜绝污染源，建立清扫标准，行为规范。

（四）清洁

制定标准，彻底维护以上3S的成果。

（五）素养

每位成员养成良好的习惯，并遵守规则，培养积极主动的精神（也称习惯性）。

（六）实行5S管理的目的

（1）提升企业形象：整齐清洁的工作环境，能够吸引客户，并且增强自信心。
（2）减少浪费：如果在场地乱放杂物，那么其他东西便无处堆放，这是一种空间的浪费。
（3）提高效率：拥有一个良好的工作环境，可以使人心情愉悦；东西摆放有序，能够提高工作效率，减少搬运作业。
（4）质量保证：一旦员工养成了做事认真严谨的习惯，产品返修率会大大降低，从而提高产品品质。
（5）安全保障：养成认真负责的习惯，保持通道畅通，以减少事故。
（6）提高设备寿命：及时对设备进行清扫、点检、保养、维护，可以延长设备的寿命。
（7）降低成本：做好5S可以减少跑冒滴漏（跑气、冒水、滴液、漏液）和来回搬运，从而降低成本。

任务实施

1. 实施要点

整理：正确的价值意识——“使用价值”，而不是“原购买价值”。

整顿：正确的方法——3 定原则（定点、定容、定量）+整顿的技术。
清扫：责任化——明确岗位 5S 责任。
清洁：制度化及考核——5S 时间，稽查、竞争、奖罚。
素养：长期化——晨会、礼仪守则。

2. 实施步骤

步骤一：制定标准（见表 2-3-1）。

表 2-3-1　仓库 5S 要求规范

序号	项目	规范要求
1	整理	对呆、废、滞物品进行清理
		把一个月之内计划不会使用的物品放到指定位置
		把一周之内计划要用的物品放到易取的位置
2	整顿	按仓库总体规划图进行区域标识
		物品按规划进行放置，物品放置的位置也应符合规划
		物品放置整齐，易于收发
		物品放置的显著位置要有明显的标识，易于辨认
		仓库通道畅通，不被堵塞
		使用的装卸工具、运输工具、计量工具等使用后摆放整齐
		消防器材符合要求并且容易拿取
		地面、墙壁、天花板、门窗要打扫干净，无灰尘
		物品不能裸露播放，物品的外包装要清扫干净
3	清扫	定期清理和保养机械装卸设备及运输工具
		物品仓储区域要整洁、通风、明亮
		要及时维护各类水源污染、油污管等
4	清洁	每天上班后、下班前各花 3 分钟时间做 5S 管理工作
		随时自我检查、互相检查、抽样检查
		及时解决检查中发现的问题
		坚持不懈地开展整理、整顿、清扫等工作
5	素养	员工佩戴厂牌，穿厂服，仪容整齐、健康、大方
		员工言谈举止文明，待人大方
		员工工作精神饱满
		员工在组织装卸搬运商品时，要小心谨慎，避免损坏商品
		员工有团队精神，互帮互助，团队 5S 管理意识强
		员工的时间观念强

步骤二：认真落实（见表 2-3-2）。

（1）每天 10 分钟，包括：清除仓库地面垃圾、杂物，掸去产品上的灰尘。

（2）每周一中扫，包括：用湿拖把拖地面和地台板，对产品包装上的灰尘进行清除。应尽量以除灰尘为主，避免过于潮湿或污染货物。

（3）每月一次大扫除，包括：擦洗仓库的门窗，打扫仓库四周，防止垃圾堆积。

（4）所有清洁工作应在《仓库清洁记录》上做好记录。

（5）清洁工具的使用和保管。

（6）公司质量部仓库负责人定期对仓库清洁工作进行检查。

表 2-3-2　落实情况

仓库号码：　　　　　　　　　　　　　　　　　　仓管员：

日　期：

项目	要求	周期	周一	周二	周三	周四	周五	周六
地面	没有垃圾及灰尘	每日情况及检查人						
地面	用湿拖把拖地板	每周						
产品	没有灰尘	每日						
门和窗	擦洗干净	每月						
天花板	扫干净，无蜘蛛网	每月						
喷杀虫剂	彻底且安全有效	每月						

步骤三：素养形成。

坚持每日检查制度并认真落实（见表 2-3-3 和表 2-3-4）。

表 2-3-3　仓库每日自我检查表

内　容	周一	周二	周三	周四	周五	周六
1. 地面是否清扫干净，无尘土						
2. 所有门窗不用时是否都关好						
3. 成品堆码是否整齐、无倒置、无倒塌、无变形						
4. 货物上是否无灰尘						
5. 昨日收发货记录是否及时、准确；账、单、货是否相符；记录的更改是否正确						
6. 搬运及卫生工具是否定点存放						
7. 有无白蚁、老鼠痕迹						
8. 要求在昨日完成的整改项目是否按期完成						
检查人签名：						

主管复核意见及签名：　　　　　　　　　　　　　　　　日期：

表 2-3-4　评价标准

内容			自评	组评价	教师评价	综合
项目	评价内容	评价标准				
职业素养	学习态度的主动	A. 积极参与教学活动，全勤； B. 缺勤达本任务总学时的 10%； C. 缺勤达本任务总学时的 20%； D. 缺勤达本任务总学时的 30%				
	团队合作精神	A. 与同学协作融洽，团队合作意识强； B. 与同学能沟通，协同工作能力较强； C. 与同学能沟通，协同工作能力一般； D. 与同学沟通困难，协同工作能力较差				
专业能力	明确任务和完成情况	A. 按时、完整地完成工作，问题回答正确，数据记录准确完整； B. 按时、完整地完成工作页，问题回答基本正确，数据记录基本准确； C. 未能按时完成工作页，或内容遗漏、错误较多； D. 未完成工作页				
	指定、展示计划	A. 学习活动评价成绩为 90～100 分； B. 学习活动评价成绩为 75～89 分； C. 学习活动评价成绩为 60～74 分； D. 学习活动评价成绩为 0～59 分				
	实施与过程检验	A. 学习活动评价成绩为 90～100 分； B. 学习活动评价成绩为 75～89 分； C. 学习活动评价成绩为 60～74 分； D. 学习活动评价成绩为 0～59 分				
教师签字			学生签字			

想一想 练一练

训练一：对课桌及教室进行 6S 管理（见表 2-3-5）。

表 2-3-5　任务评价表（训练一）

训练项目	考核要求	配分	评价标准	得分	备注
训练一	整理	20	是否将工作场所的物品区分为有必要的和没有必要的。必要的留下来，其他的都清除掉		
	整顿	20	是否把留下来的必要的物品按规定摆放，并放置整齐加以标识。 目的：工作场所一目了然，减少寻找物品的时间，清除过多的积压物品，有一个整洁的工作环境		

续表

训练项目	考核要求	配分	评价标准	得分	备注
训练一	清扫	20	是否将工作场所内看得见与看不见的地方清扫干净，保持工作场所干净、明亮		
	清洁	10	是否将整理、整顿、清扫进行到底，并且制度化，经常保持环境美观		
	素养	10	每位成员是否养成良好的习惯，并遵守规则，培养积极主动的精神（也称习惯性）		
	安全	20	是否重视成员安全教育，每时每刻都有安全第一的观念，防患于未然		

训练二：对实训室进行 6S 管理（见表 2-3-6）。

表 2-3-6　任务评价表（训练二）

训练项目	考核要求	配分	评价标准	得分	备注
训练二	整理	20	是否将工作场所的物品区分为有必要的和没有必要的。必要的留下来，其他的都清除掉		
	整顿	20	是否把留下来的必要的物品按规定摆放，并放置整齐加以标识。 目的：工作场所一目了然，减少寻找物品的时间，清除过多的积压物品，有一个整洁的工作环境		
	清扫	20	是否将工作场所内看得见与看不见的地方清扫干净，保持工作场所干净、明亮		
	清洁	10	是否将整理、整顿、清扫进行到底，并且制度化，经常保持环境美观		
	素养	10	每位成员是否养成良好的习惯，并遵守规则，培养积极主动的精神（也称习惯性）		
	安全	20	是否重视成员安全教育，每时每刻都有安全第一的观念，防患于未然		

模块三

仓储设施与设备

任务一　认识仓库分类

学习目标

【知识目标】

（1）掌握仓库的定义、分类。

（2）掌握仓库的用途。

【能力目标】

能够为不同的物品选择合适的仓库。

任务准备

公司购进了一批小型百货日用品、散装水泥、石油、轻型电子器材、精密仪器仪表、酿酸坛子、散装粮食、大型机械设备、10 吨重的长形钢材。仓库管理员需要把这些货物存放起来，该如何选用合适的仓库或者货架进行存放呢？

任务描述

2019 年 10 月，公司购进一批货物，需要存放，主要包括小型百货日用品、石油、轻型电子器材、精密仪器仪表、酿酸坛子、散装粮食、大型机械设备、10 吨重的长形钢材，其中散装粮食和石油不需要货架。

任务分析

每一个货物都有自己的存放空间，我们需要根据不同仓库的属性来对不同货物进行合理的存放，以使货物保存完好，不易变质。

知识平台

一个国家、一个地区、一个企业的物流系统中需要有各种各样的仓库，它们的结构形态各异，服务范围和对象也有着较大的差别，因此正确掌握各种仓库的特点对于仓库建设规划和仓库管理具有实际意义。仓库按不同的标准可进行不同的分类，企业或部门可以根据自身的条件选择建设或租用不同类型的仓库。

一、按使用范围分类

（1）自有仓库：生产或流通企业为本企业经营需要而修建的附属仓库，完全用于储存本企业的原材料、燃料、产成品等货物的仓库。

（2）营业仓库：专门为经营储运业务而修建的仓库。

（3）公用仓库：由国家或某个主管部门修建的为社会服务的仓库，如机场、港口、铁路的货场、库房等。

（4）出口监管仓库：经海关批准、在海关监管下存放已按规定领取了出口货物许可证或批件，已对外买断结汇并向海关办完全部出口海关手续的货物的专用仓库。

（5）保税仓库：经海关批准，在海关监管下专供存放未办理关税手续而入境或过境货物的仓库。

二、按保管物品的种类分类

（1）综合库：用于存放多种不同属性物品的仓库（见图3-1-1）。

（2）专业库：用于存放一种或某一大类物品的仓库（见图3-1-2）。

图3-1-1　综合库

图3-1-2　专业库（酒库）

三、按保管条件分类

（1）普通仓库：用于存放无特殊保管要求的物品的仓库（见图3-1-3）。

（2）保温、冷藏、恒温仓库：用于存放要求保温、冷藏或恒湿恒温的物品的仓库（见图3-1-4）。

（3）特种仓库：用于存放易燃、易爆、有毒、有腐蚀性或有辐射性的物品的仓库（见图3-1-5）。

（4）气调仓库：用于存放要求控制库内氧气和二氧化碳浓度的物品的仓库（见图3-1-6）。

图 3-1-3　普通仓库

图 3-1-4　保温、冷藏、恒温仓库

图 3-1-5　特种仓库（危险品仓库）

图 3-1-6　气调仓库

四、按封闭程度分类

（1）封闭式仓库：俗称“库房”。该结构的仓库封闭性强，便于对库存物进行维护保养，适宜存放对保管条件要求比较高的物品（见图 3-1-7）。

（2）半封闭式仓库：俗称“货棚”。其保管条件不如库房，但出入库作业比较方便且建造成本较低，适宜存放那些对温湿度要求不高且出入库频繁的物品（见图 3-1-8）。

（3）露天式仓库：俗称“货场”。其最大优点是装卸作业极其方便，适宜存放较大型的货物（见图 3-1-9）。

图 3-1-7　封闭式仓库

图 3-1-8　半封闭式仓库

图 3-1-9　露天式仓库

五、按建筑结构分类

（1）平房仓库：仓库的构造比较简单，建筑费用便宜，人工操作比较方便（见图 3-1-10）。

（2）楼房仓库：二层楼以上的仓库，它可以减少土地占用面积，进出库作业采用机械化或半机械化（见图 3-1-11）。

（3）高层货架仓库：主要使用电子计算机控制，能实现机械化和自动化操作（见图 3-1-12）。

（4）罐式仓库：仓库的构造特殊，呈球形或柱形，主要是用来储存石油、天然气和液体工品等（见图 3-1-13）。

（5）简易仓库：仓库的构造简单、造价低廉，一般是在仓库不足而又不能及时建库的情况下采用的临时代用办法，包括一些固定或活动的简易货棚等（见图 3-1-14）。

图 3-1-10　平房仓库

图 3-1-11　楼房仓库

图 3-1-12　高层货架仓库

图 3-1-13　罐式仓库

图 3-1-14　简易仓库

六、按库内形态分类

（1）地面型仓库：一般指单层地面库，多使用非货架型的保管设备（见图 3-1-15）。

（2）货架型仓库：采用多层货架保管的仓库（见图 3-1-16）。货物和托盘放在货架上，可在货架上滑动。货架分固定货架和移动货架。

（3）自动化立体仓库：出入库用运送机存取，用堆垛机等设备进行机械化、自动化作业的高层货架仓库（见图 3-1-17）。

图 3-1-15　地面型仓库

图 3-1-16　货架型仓库

图 3-1-17　自动化立体仓库

七、按建筑材料分类

现代化的高层楼房仓库，用钢筋混凝土的较多，一般平房仓库大部分仍采用砖石和木结构（见图 3-1-18）。

一些特殊仓库如储油罐等，则用钢结构（见图 3-1-19），另外还有采用新型材料建的仓库。

图 3-1-18　板房仓库

图 3-1-19　储油罐

任务实施

步骤一：先弄清楚每种仓库的分类，了解什么仓库适合存放什么物品。如单层仓库空间大，承受压力大，适合存放大型机械装备。

步骤二：根据货物自身的特点，将其放入适合的仓库中。

步骤三：将项目任务中的货物进行分类并选择相应的仓库类型，并能说明理由。

步骤四：任务评价（见表 3-1-1）。

表 3-1-1　任务评价表

货物名称	货物特征	选择存放仓库类型	理由介绍	小组评价	教师评价

想一想 练一练

各组成员根据自己所创建的仓储公司的运营情况，制定仓库建设规划：选择仓库类型，并做出决策：自建仓库或租用仓库？并说明理由。

任务二　认识仓库中常用的设备

学习目标

【知识目标】

（1）了解仓库当中常用的设备名称。

（2）掌握各类仓储设备的使用方法。

（3）了解仓库辅助装备的类型以及使用原理。

（4）了解自动化立体仓库装备的构成。

【能力目标】

（1）能根据不同商品的性质选择适合的货架进行存放。

（2）能规范使用液压搬运车与叉车。

（3）能对设备的进行简单维护

（4）能使用常用灭火设备。

（5）有安全意识，遇到能够仓库安全问题能正确处理。

任务准备

（1）了解各仓储设备的特点。

（2）了解各仓储设备的应用。

（3）仓库设备的使用方法与简单保养。

任务描述

2019 年 10 月，公司购进一批货物，需要存放，主要包括小型百货日用品、轻型电子器材、精密仪器仪表和大型机械设备。选择合理的搬运工具完成入库搬运作业。再选择合适的货架存放。

任务分析

需要根据货物的属性选择合适的存放货架，以使货物保存完好，方便存取与管理。选用搬运工具时，应注意可操作性和便利性。搬运任务实施时注意规范操作设备。完成任务后，工具要及时归位，做好 5S 管理。

知识平台

一、货架的概念和用途

（一）货架的概念

货架是指用支架、搁板或托架组成的立体储存货物的设施。

（二）货架的基本结构

货架主要由立柱、平撑、斜撑、搁板等组成（见图 3-2-1）。

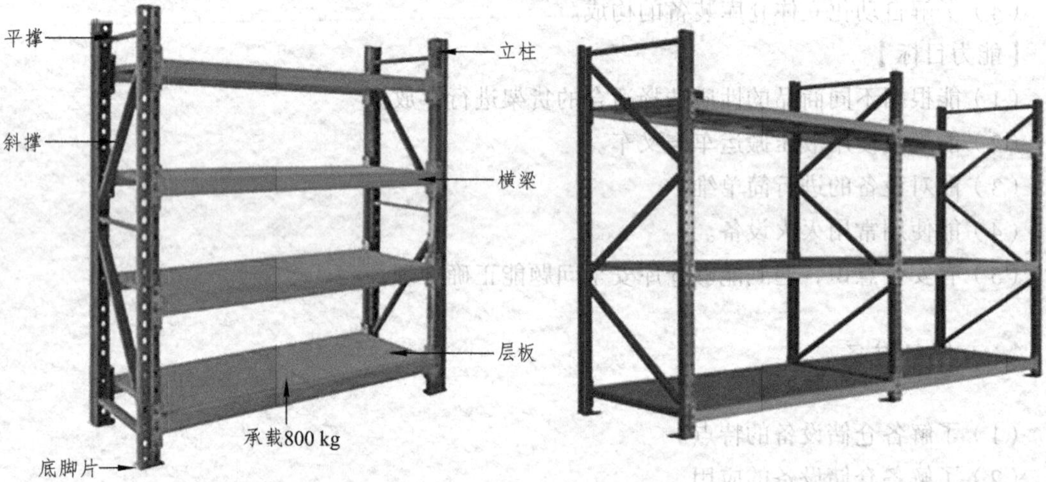

图 3-2-1 货架结构

平撑：又称横撑，起到支撑前后立柱的作用。

斜撑：放置在前后立柱之间，与横撑形成一定的夹角，起到固定横撑和立柱的作用。

立柱：货架必不可少的一部分，起到支撑整层货架的作用，是货架的基本结构。

搁板：主要材质是木板，放置在横梁之上，上面可存放商品。

（三）货架的功能

在现代物流活动中，货架有着重要的作用。货架的主要功能如下：

（1）储存功能。货架是一种架式结构物，可充分利用仓库空间，提高库容利用率和存储能力。

（2）存取功能。物品存取方便，便于清点及计量，可以满足先进先出和先进后出等要求。

（3）减少损失。存入货架中的货物互不挤压，物资损耗小，可保障物资本身的功能，减少货物的损失。

（4）保证存取货物的质量。可以采取防潮、防尘、防盗、防破坏等保管措施，提高物资存储质量。

二、常用的基本货架

（一）托盘式货架

托盘式货架主要存放放置在托盘上的货物，将货物与托盘一起存放在货架中。该种货架也是最常见的一种货架，它具有承重量大、方便重物装卸搬运等特点，具有较强的通用性（见图 3-2-2）。

图 3-2-2　托盘式货架

（二）悬臂式货架

悬臂式货架最大的不同在于这种货架没有搁板，取而代之的是悬臂梁（见图 3-2-3）。根据结构形式可分为单面悬臂式货架和双面悬臂式货架。悬臂式货架具有结构稳定、载重能力大、空间利用率高等特点。悬臂式货架适用于存放长物料、环型物料、板材、管材及不规则货物。

图 3-2-3　悬臂式货架

（三）重力式货架

重力式货架是利用物品本身的重力运动而设计的货架，又称流动式货架（见图 3-2-4）。每层货架都有由滚轮组成的滑道，货物由高的一端存入，滑至低端，从低端取出，利用自身的重力来实现货物的出入库等作业。货物滑动过程中，滑道上设置有阻尼器，将货物滑行速度控制在安全范围内。该货架前后都是贯通的，没有封口，货物遵循先进先出原则。

图 3-2-4　重力式货架

（四）货格式货架

货格式货架将货架分为许多小格子，便于存放质量较轻、库存不多、比较杂乱的货物，在超市、书店中最为常见（见图 3-2-5）。

图 3-2-5　货格式货架

（五）抽屉式货架

抽屉式货架又称模具货架（见图 3-2-6）。抽屉式货架的每条滑轨由两个轴承前后上下固定，可以让轨道在导向槽内定向滚动，适用于单件货物很重的货物，如机械模具等。其抽拉层板可以拉出，具有方便存取等特点，极大地方便了模具、钢具等特殊产品的货架存储，在模具设计制造与特殊加工行业起到了重要的作用。

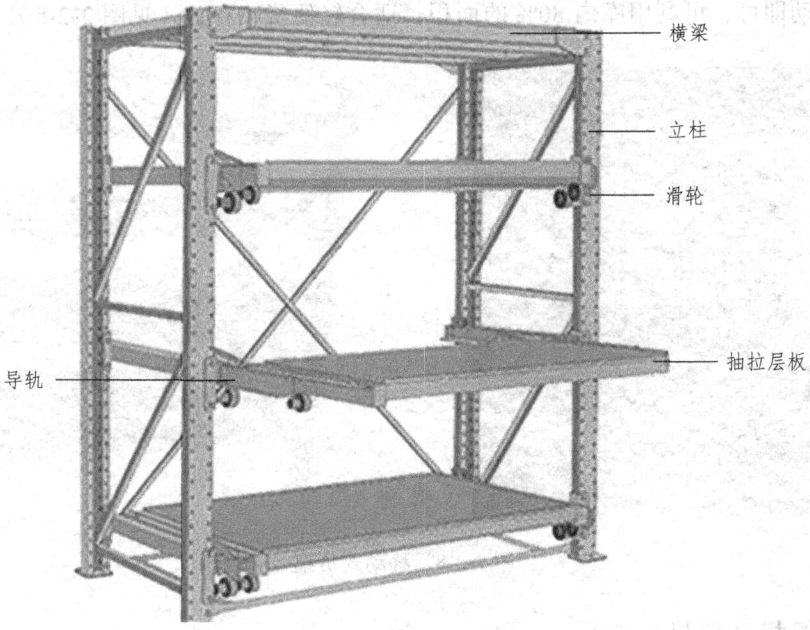

图 3-2-6　抽屉式货架

（六）驶入式货架

驶入式货架是指可以允许叉车进入货架中装卸货物的货架。存放货物时，叉车叉起货物放入最里面的货位，然后依次向外放入。取货时，只能先取出最外面的货物，最后取出最里面的货物，遵循后进先出原则。驶入式货架适合存放体积大、能长久保存的货物（见图 3-2-7）。

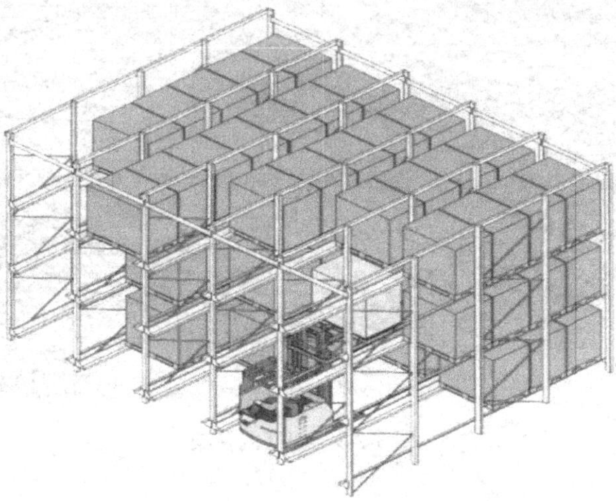

图 3-2-7　驶入式货架

（七）移动式货架

移动式货架的特点是在货架底部安装滑轮而不是安装普通的垫脚片，使货架可以自由移动。移动式货架具有节约空间的优点，因为货架可以随意移动，仓库中只需要留出一条通道便于货架移动即可，可利用库内 80% 的面积，适合轻便货物存放（见图 3-2-8）。

图 3-2-8　移动式货架

（八）阁楼式货架

阁楼式货架与其他货架相比，主要区别在于货架是用钢板分成的两层或两层以上小阁楼，中间需要有楼梯才能上到楼上。该货架合理利用了垂直方向的空间，使仓库中的空间利用率大大提高，适合存放品种多、少批量货物（见图 3-2-9）。

图 3-2-9　阁楼式货架

三、托盘

（一）托盘的概念和作用

1. 托盘的概念

托盘是为了使物品有效地装卸、运输、保管，将其按一定数量组合放置于一定形状的台面上，这种台面有供叉车从下部插入并托起的叉入口。以这种结构为基本结构的平台和在这种基本结构上形成的各种形式的集装器具均可称为托盘。

2. 托盘的优缺点

优点：

（1）自重量小；

（2）返空容易；

（3）装盘容易；

（4）装载量适宜，组合量较大；

（5）节省包装材料，降低包装成本。

缺点：

（1）保护产品的性能不如集装箱；

（2）露天存放困难，需要有仓库等设施；

（3）托盘本身的回运需要一定的运力消耗和成本支出。

（二）托盘的种类

1. 平板托盘

平板托盘又称平托盘。平托盘几乎是托盘的代名词，只要一提托盘，一般都是指平托盘，因为平托盘使用范围最广，利用数量最大，通用性最好。平托盘又有以下三种分类。

（1）按台面分类，分成单面型、单面使用型、双面使用型和翼型四种。

（2）按叉车叉入方式分类，分为单向叉入型、双向叉入型和四向叉入型三种。

（3）按材料分类，分为木制托盘、钢制托盘、铝合金托盘、胶合板托盘、塑料托盘、纸板托盘、复合材料托盘等，如图 3-2-10 ~ 3-2-12 所示。

图 3-2-10　木制托盘

3-2-11　铝合金托盘

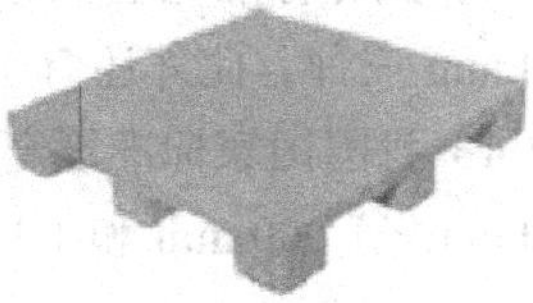

3-2-12　塑料托盘

2. 立柱式托盘

立柱式托盘没有侧板，在托盘上部的四个角有固定式或可卸式的立柱。柱与柱之间有连接的横梁，使柱子呈门框型，如图 3-2-13 所示。

3. 箱式托盘

箱式托盘的基本结构是沿托盘四个边有板式、栅式、网式等栏板和下部平面组成的箱体，有些箱体有顶板（见图 3-2-14）。箱板有固定式、折叠式和可拆卸式三种。

图 3-2-13　立柱式托盘

图 3-2-14　箱式托盘

4. 滑片托盘

滑片托盘简称滑板，按折翼的个数不同，分为单折翼型滑片、双折冀型滑片、三折翼型滑片和四折翼型滑片，如图 3-2-15 所示。

5. 轮式托盘

轮式托盘是在柱式、箱式托盘下部装有小型轮子以便于移动，在生产企业物流系统中，可以兼作作业车辆，如图 3-2-16 所示。

图 3-2-15　四折翼型滑片

图 3-2-16　轮式托盘

（三）托盘的标准与规格

（1）美国的主流托盘为 48in×40in（约为 1 200 mm×1 000 mm）；

（2）日本的主流托盘为 1 100 mm×1 100 mm 和 1 200 mm×1 000 mm。

（3）国际标准化组织规定的规格有 800 mm×1 000 mm、800 mm×1 200 mm、1 000 mm×1 200 mm 三种，此外还有 1 200 mm×1 600 mm、1 200 mm×1 800 mm 的大型托盘。

（4）我国国家标准规定的联运平托盘外部规格参照 GB/T 2934—2007。托盘平面尺寸为：1 200 mm×1 000 mm 和 1 100 mm×1 100 mm。优先推荐 1 200 mm×1 000 mm。

（四）使用托盘的注意事项

（1）叉车叉取托盘时，叉齿要保持水平，不应上下倾斜；

（2）叉车必须对准叉孔，垂直于托盘，不应斜着进出托盘；

（3）严禁甩扔空盘；

（4）不准用叉齿推移、拖拉托盘；
（5）空托盘应用叉车整齐叠放，避免碰撞和日晒雨淋；
（6）如用绳索捆扎货物，捆扎方向应与边板平行。

四、液压托盘搬运车

液压托盘搬运车是指起搬运货物作用的小体积液压搬运设备（见图 3-2-17）。

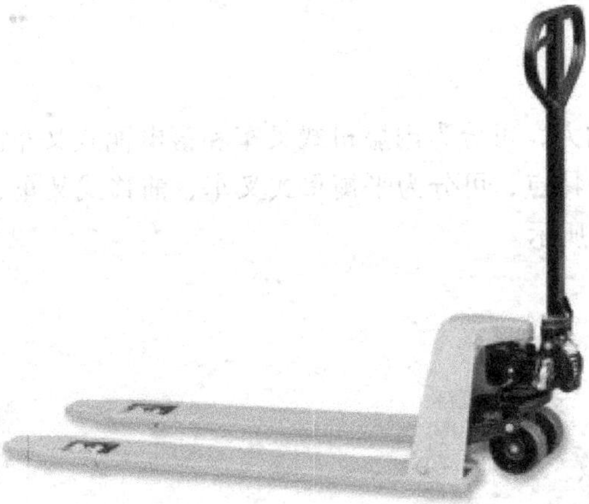

图 3-2-17　液压托盘搬运车

（一）操作注意事项

（1）起动；
（2）作业；
（3）停止。

（二）保养与维护作注意事项

（1）加油；
（2）排气；
（3）日常检查与维修；
（4）润滑油。

五、叉车

（一）叉车的基本概念

叉车是一种用来装卸、搬运和堆码单元物品的车辆，是仓库装卸搬运机械中应用最广泛的一种设备，具有选用性强、机动灵活、效率高的优点。叉车由自行的轮胎底盘、能垂直升降的货叉和前后倾斜的门架等组成。它不仅可以将物品叉起进行水平运输，还可以将物品提升起来进行垂直堆码。

（二）叉车的特点及用途

（1）机械化程度高；
（2）机动灵活性好；
（3）可以“一机多用”；
（4）能提高仓库容积的利用率；
（5）有利于开展托盘成组运输和集装箱运输；
（6）成本低、投资少，能取得较好的经济效果。

（三）叉车的种类

（1）依据叉车所用动力，可分为内燃机式叉车和蓄电池式叉车。

（2）依据叉车的结构特点，可分为平衡重式叉车、前移式叉车、插腿式叉车和侧面叉车，具体如图 3-2-18 ~ 3-2-21 所示。

图 3-2-18　平衡重式叉车

图 3-2-19　前移式叉车

图 3-2-20　插腿式叉车

图 3-2-21　侧面叉车

（四）叉车的选择

（1）平衡重叉车主要用于露天货场作业。

（2）前移式叉车一般用于室内作业。

（3）侧面叉车主要用于长料货物的搬运。

（4）插腿式叉车适用于工厂车间、仓库内效率要求不高，但需要有一定堆垛、装卸高度的场合。

六、自动导航车 AGV

（一）自动导航车 AGV

AGV 是装备有电磁或光学等自动导引装置，能够沿规定的导引路径行驶，具有安全保护以及各种移载功能的运输车，在工业应用中无须驾驶员（故又称无人搬运车），以可充电蓄电池为其动力来源，利用电磁、光电轨道或其他制导方式来设立其行进路线。（见图 3-2-22）电磁轨道（俗称磁条）或光电导引标识粘贴于地板上，AGV 则依循轨道传感器的讯息进行移动与动作，完成搬运或移载功能。

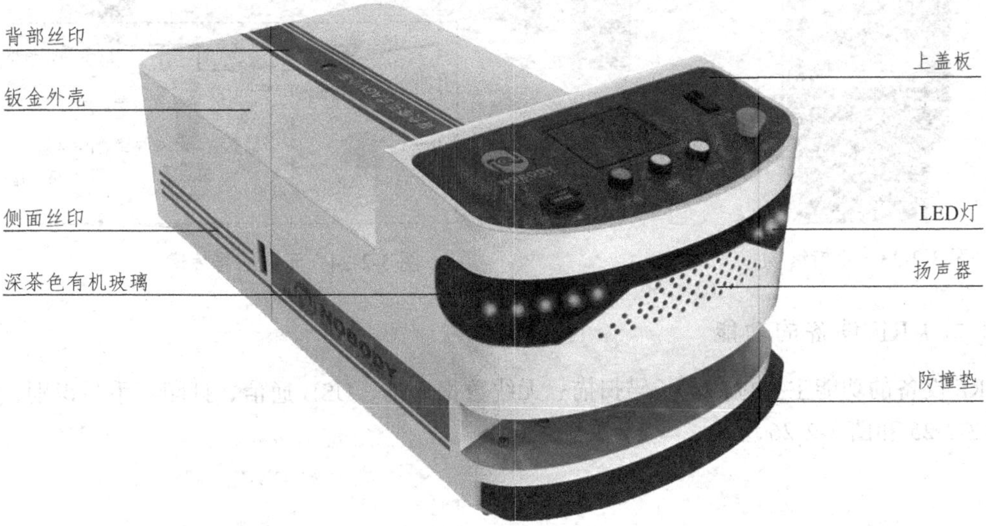

图 3-2-22　自动导航车 AGV

（二）自动导航车 AGV 的优点

（1）自动化程度高，运行可靠。AGV 由控制器、电控设备、轨迹传感器等控制。工作人员可以通过计算机终端将信息发送到服务器，由用户或调度系统向控制器发出指令，在电控设备的作用下，这一指令最终被 AGV 接受并执行。

（2）充电自动化。当 AGV 小车的电量即将耗尽时，它会向系统发出请求指令（技术人员可设定某个值），请求充电或者更换备用蓄电池。AGV 小车的电池寿命很长，并且充满电的情况下可连续运作 8 h，每充电 15 分钟可工作 4 h 左右。

（3）柔性好。可以方便快捷地通过改变导引轨道的走向和运行程序轨迹改变生产路线。

（4）美观。提高观赏度，从而塑造企业形象。

（5）方便。减少占地面积，生产车间的 AGV 小车可以在各个车间穿梭往复。

AGV 具有自动化程度高、运行可靠、充电自动化、柔性好、美观、方便等特点，是现代物流的核心搬运设备之一，在国内外的自动化仓库、汽车生产、烟草、家电等领域的自动搬运系统中得到了广泛的应用。

七、RF 手持终端设备

（一）RF 的概念

RF 是指利用无线射频技术完成数据采集、传输等功能的便于携带的数据处理终端（见图 3-2-23 和图 3-2-24）。

图 3-2-23　手持终端

图 3-2-24　无线信号传递

（二）RF 设备的功能

RF 设备的功能主要包括：条码扫描、无线数据通信、USB 通信、打印、手写识别，具体如图 3-2-25 和图 3-2-26 所示。

图 3-2-25　手 USB 通信与打印

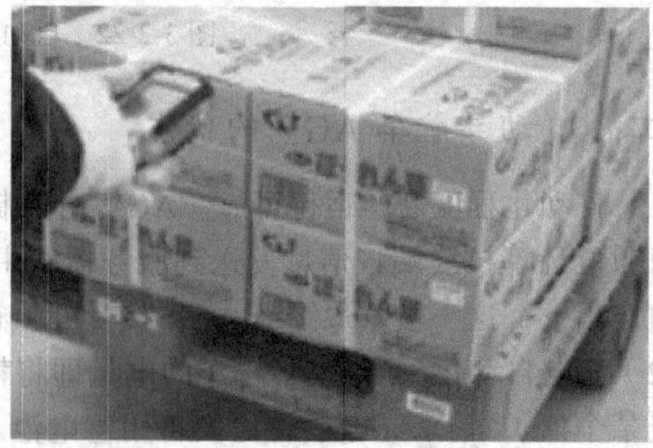

图 3-2-26　手持终端条码扫描

八、仓库中的辅助装备

仓库当中不仅仅只存放货架、托盘等物流设备，还有很多辅助装备。这些辅助装备不属于专业的物流设备，但同样不可或缺。

（一）计量设备

仓库当中的计量设备主要指用于确定物品质量大小的设备，主要有电子秤、地重衡、电子皮带秤等。

1. 电子秤

电子秤最为常见（见图 3-2-27），可为重量较轻、小件的物品称量。其工作原理：当物体放在秤盘上时，压力施加给传感器，该传感器发生弹性形变，从而使阻抗发生变化，同时使用激励电压发生变化，输出一个变化的模拟信号。该信号经放大电路放大输出到模数转换器。模数转换器将信号传到 CPU 处理器当中，最后处理器将这些信号转为数字显示在显示器中。电子秤具有反应快、数字显示直观、减小人为误差、准确度高等优点。

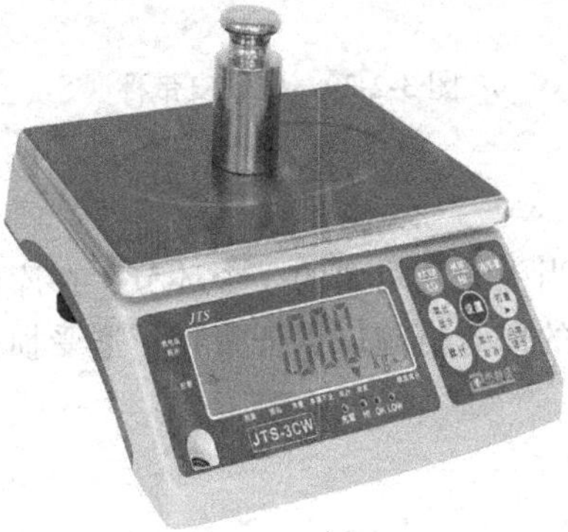

图 3-2-27　电子秤

2. 地重衡

地重衡又称地磅。地磅通常安装在路面上，上面可以通过车辆并为其称重，主要用于大宗货物计量（见图 3-2-28）。

图 3-2-28　地磅

3. 电子皮带秤

电子皮带秤是根据物体自身重力，对输送带上的散装物料进行连续称量的自动仪器。当物料经过时，计量托辊检测到皮带机上的物料重量通过杠杆作用于称重传感器，产生一个正比于皮带载荷的电压信号。称重仪表从称重传感器和速度传感器接收信号，通过积分运算得出一个瞬时流量值和累积重量值，并分别显示出来。电子皮带秤主要应用于煤炭、金属、建材等材料的计量（见图 3-2-29）。

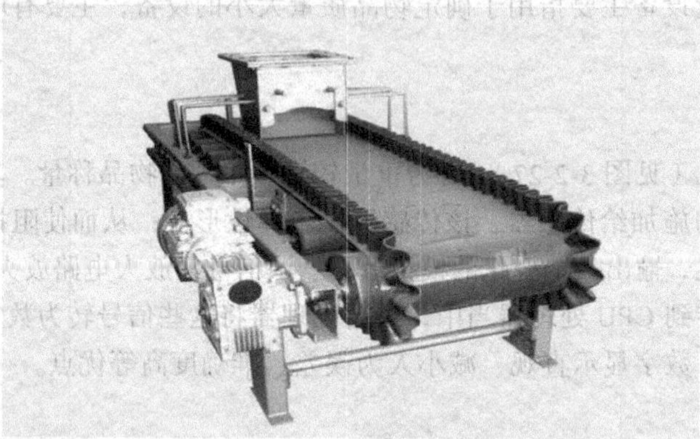

图 3-2-29　电子皮带秤

（二）养护装备

商品库内管理是入库作业当中非常重要的一个环节，在库内管理中需要对商品进行维护与保养，对特殊商品提供特殊的保养措施以保证货物不遭受损失。养护一般包括对温度、湿度的调控。

1. 通风机械

为了保证仓库中的空气流通，将库内有害空气排出去，保持库内卫生，让新鲜的空气能进入库中，保障室内外空气环境质量。通常，仓库都会采购通风机、抽风机等设备（见图 3-2-30 和图 3-2-31）。

图 3-2-30　通风机

图 3-2-31　抽风机

2. 除湿机械

库内需要保持适合货物存放的湿度，以免湿度太大使货物受潮变质，细菌滋生或太干燥而导致货物损坏。通常采用除湿器、冷冻减湿机、温度湿度计来监测库内湿度是否符合标准。

3. 保温机械

目前，通常采用空气幕、空调等设备使库内温度达标。空气幕可以有效防止库外热冷气进入，一般安装在仓库大门或一般建筑物门框上，风从上往下吹，形成一个风墙，适用于商店大门、剧院、宾馆等（见图 3-2-32）。

图 3-2-32　空气幕

（三）安全设备

安全是我们日常生活中最重要的一环，仓库中众多物品更加需要重视消防安全。为确保人生财产不受损失，保证货物周转顺利，每个仓库都需要配备必要的安全设施。主要的安全设备包括摄像头、避雷针、灭火器等。其中，灭火器主要包括以下三种：

1. 干粉灭火器

干粉灭火器利用二氧化碳或氮气作为动力，将筒内的干粉喷出灭火。干粉是一种干燥的、易于流动的微细固体粉末，由能灭火的基料和防潮剂、流动促进剂、结块防止剂等添加剂组成，主要用于扑救石油、有机溶剂等易燃液体、可燃气体和电气设备的初期火灾。

2. 二氧化碳灭火器

二氧化碳灭火器的原理是在加压时将液态二氧化碳压缩在小钢瓶中，灭火时再将其喷出，能降温和隔绝空气，从而达到灭火的目的（见图 3-2-33）。其适用于 A、B、C 类火灾，不适用于金属火灾。

A 类火灾指固体物质火灾，如木料、布料、纸张、橡胶、塑料等燃烧形成的火灾。

B 类火灾指液体火灾和可溶化的固体物质火灾，如可燃易燃液体和沥青、石蜡等燃烧形成的火灾。

C 类火灾指气体火灾，如煤气、天然气、甲烷、氢气等燃烧形成的火灾。

3. 泡沫灭火器

泡沫灭火器的原理是灭火时，化学泡沫灭火器内的物质发生化学反应，能喷射出大量的二氧化碳及泡沫，它们能黏附在可燃物上，使可燃物与空气隔绝，达到灭火的目的。泡沫灭火器可用来扑灭A类火灾，如木材、棉布等固体物质燃烧引起的失火；最适宜扑救B类火灾，如汽油、柴油等液体火灾；不能扑救水溶性可燃、易燃液体的火灾（如醇、酯、醚、酮等物质）和带电火灾。

图 3-2-33　二氧化碳灭火器

九、自动化立体仓库中的装备

自动化立体仓库，是物流仓储中出现的新概念（见图 3-2-34）。利用立体仓库设备可实现仓库高层合理化、存取自动化、操作简便化。自动化立体仓库是当前技术水平较高的一种仓库。自动化立体仓库的主体由货架、巷道式堆垛起重机、入（出）库工作台和自动运进（出）及操作控制系统组成。其中，巷道堆垛机是用于自动存取货物的设备。堆垛机的形式多种多样，包括单轨巷道式堆垛机、双轨巷道式堆垛机、转巷道式堆垛机、单立柱堆垛机、双立柱堆垛机等（见图 3-2-35）。

图 3-2-34　自动化立体仓库

图 3-2-35　巷道式堆垛机

任务实施

步骤一：弄清楚每种货物的特征，对保管和搬运有无特殊要求。

步骤二：根据货物自身的特点，将其放入相应的货架中。如百货商品比较轻，适合存放货格式货架。

步骤三：选择合适的搬运设备完成搬运任务。

步骤四：将项目任务中的作业进行分类，并记录下来。

步骤五：完成任务评价表（见表 3-2-1）。

表 3-2-1　任务评价表

货物名称	搬运工具及流程	选择存放货架类型	理由介绍	小组评价	教师评价

想一想 练一练

（1）假如你是公司的采购员，会为公司仓库购买哪些仓储设备？

（2）书中介绍的三种灭火器分别适合扑救哪些火灾？

（3）练习使用液压搬运车。

模块四

规划货位

任务一　划分货位

按照物资自身的理化性质与储存要求，根据分库、分区、分类的原则，将物资按固定区域与位置存放。此外，在定置区域内，依材质、型号、规格等按一定顺序依次存放，并进行货位编号，保证“规格不串、材质不混、先进先出”。

学习目标

【知识目标】

（1）了解货位编号的原则。

（2）熟悉货位编号方法。

【能力目标】

能够对货架进行货位编号。

任务准备

利用货位编码方法对新增仓库货架进行编码管理。

任务描述

近年来，XD 物流公司业务量增大，原有的仓储能力已经不能满足客户的需求，公司仓储部经理向公司管理层提出的增建 3 000 m^2 仓储面积以满足经营需求的建议，在股东大会获批。仓储部经理为了更好地对新增仓库的储位进行规划，需要对新增仓储面积进行货位划分。

假如你是该项目的仓管员，仓储主管给你布置任务：对新增仓库货架进行货位编码，你该如何完成任务？

任务分析

一、分析影响货物分区分类规划的方法

（1）按商品的种类和性能进行分区分类。如分区、分类、怕光、怕热、怕潮、怕冻、怕风等。

同类物资，性质相近，又有连带消费性，可安排在同一库区、同一库位。

但性质完全不同，并互有影响、互不兼容、不宜混存则必须分库存放。

（2）按商品发往地区进行分区分类。

按运输方式，再按发运地区，最后按货主划分。

（3）按商品的危险性质进行分区分类。

易燃、易爆、易氧化、腐蚀性、毒害性、放射性。

（4）按仓储作业的特点进行分区分类。

长、大、笨应与易碎、易变形的分存；进出库频繁的应存放在车辆进出方便、装卸搬运容易、靠近库门的地方；储存期长的存放在库房深处或楼上。

（5）按仓库条件及货物的性质进行分区分类。

怕热的存放在地下室、低温库或货棚；轻小的存放在楼上库房；负荷较大、笨重的存放在低层仓库；价值较高的存放在顶层库房；价值较低的存放在低层库房。

二、分区分类规划的原则

（1）存放在同一货区的物品必须具有互容性。

（2）保管条件不同的物品不应混存。

（3）作业手段不同的物品不应混存。

（4）灭火措施不同的物品不能混存。

三、分区分类储存货物的作用

（1）可缩短货物拣选及收发作业的时间；

（2）能合理使用仓容，提高仓容利用率；

（3）有利于保管员熟悉货物的性能，提高保管养护的技术水平；

（4）可合理配制和使用机械设施，有效提高机械化、自动化操作程度；

（5）有利于仓储货物的安全，减少损耗。

知识平台

一、货位编号的一般要求

货位编号的一般要求如图 4-1-1 所示。

（1）标志设置要适宜：库房编号写在外墙或库门上；货场编号写在场地上或竖立标牌；货棚可利用柱、墙、顶、梁刷置或悬挂标志。

（2）标志制作要规范：统一使用阿拉伯数字。

（3）编号顺序要一致：“左单右双、自前而后” 或“左单右双、自左而右”。

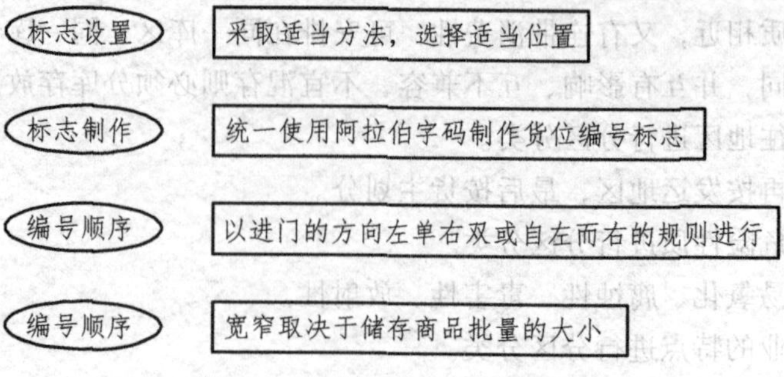

图 4-1-4　货位编号的一般要求

二、编号方法

1. 库房的编号

把整个仓库的所有储存场所，依其地面位置按顺序编号。库房的号码可统一写在库房外墙上或库门上，编号要清晰醒目，易于查找。

为防止错误，可在第一位数字后加拼音字母“K”“C”“P”，分别代表库房、货场、货棚。

图 4-1-2　库房编号

2. 库房内货位编号

根据库内业务情况，按照库内主干道、支干道分布，划分为若干货位，按顺序以各种简明符号与数字，来编制货区、货位号码，并标于明显处（见图 4-1-3）。

图 4-1-3　库房内货位编号

3. 货架上的货位编号

先按一个仓库内的货架进行编号，然后再对每个货架的货位按层、位进行编号（见图 4-1-4）。

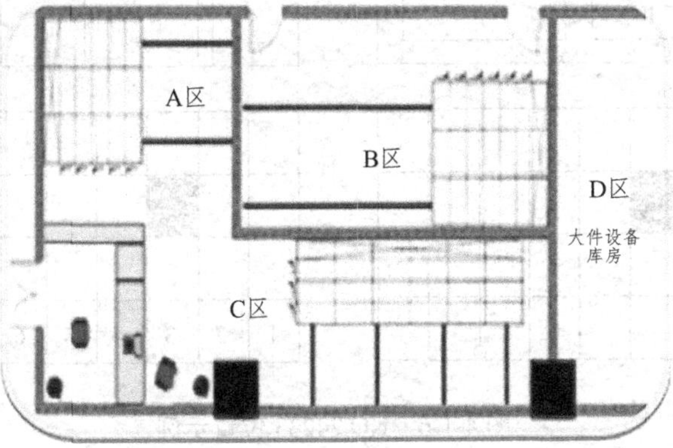

图 4-1-4　货架上的货位编号

三、货位编号的方法

地址法即利用保管区中的现成参考单位如建筑物第几栋、区段、排、行、层、格等，按相关顺序编号（见图 4-1-5），如同地址的市、区、路、号一样。通常采用的编号方法为“四号定位”法。

“四号定位”是采用 4 个数字号码对应库房（货场）、货架（货区）、层次（排次）、货位（垛位）进行统一编号。例如：“5-3-2-11”即指 5 号库房（5 号货场）、3 号货架（3 号货区）、第 2 层（第 2 排）、11 号货位（11 号垛位）；8-11-2-12 表示 8 号库房、11 号货架、第 2 层、第 126 号货位。

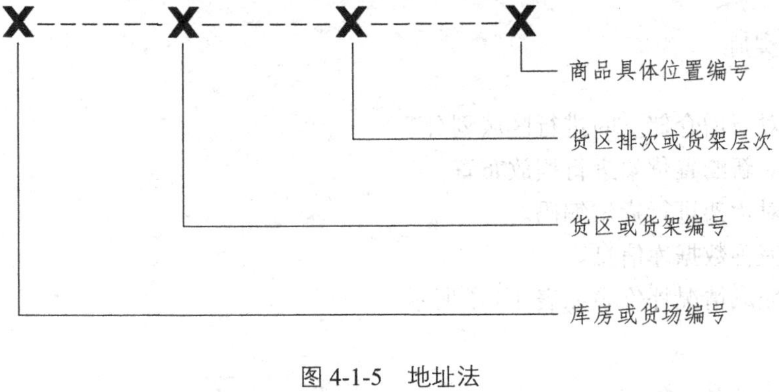

图 4-1-5　地址法

例如：NO.24233 实际位置情况如图 4-1-6 所示。

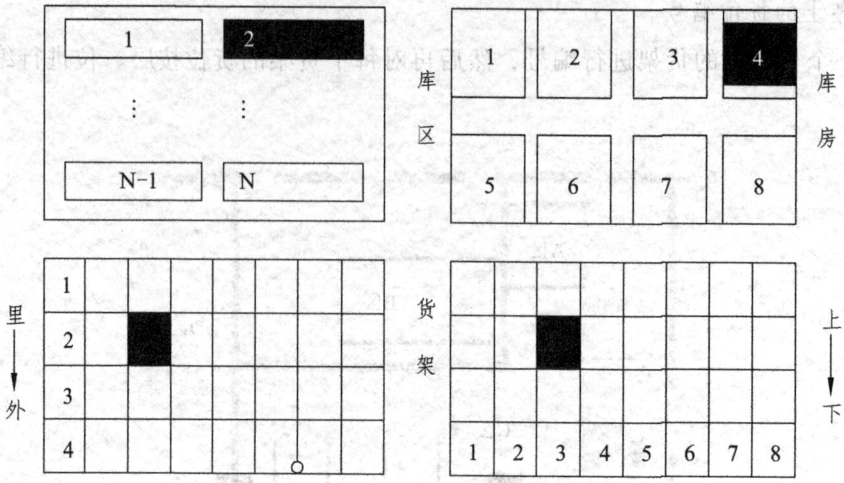

图 4-1-6　NO.24233 位置示例

四、货位编号的应用

（1）物资入库后，应将物资所在货位的编号及时登记在保管账、卡的“货位号”栏中，采用计算机管理的要输入电脑。货位输入的准确与否，直接决定出库货物的准确性，应认真操作，避免差错。

（2）当物资所在的货位变动时，应同时调整账、卡的货位号，做到“见账知物”和“见物知账”。

（3）为提高货位利用率，一般同一货位可以存放不同规格的物资，但必须采用具有明显区别的标识，以免造成差错。

（4）走道、支道不宜经常变动，否则会打乱原来的货位编号，并要重新调整库房照明设备。

任务实施

步骤一：对新增仓储空间进行区域划分。

步骤二：对新购置货架进行摆放布置。

步骤三：对货架进行货位编码。

步骤四：完善数据库信息。

任务活动完成情况评价表如表 4-1-1 所示。

表 4-1-1　任务评价表

项目名称	评价主体：教师、学生（自评、互评）								
	评价内容	优（★★★★）	良（★★★）	中（★★）	较差（★）	自评	学生互评	教师评价	综合
活动行为评价	参与活动态度	积极热情主动	积极热情但缺乏主动性	态度一般	较差				
	活动记录情况	记录完整规范	记录完整但不规范	有记录，完整性一般	记录较差				
	协作意识	协作意识强	协作意识较强	协作意识一般	协作意识差				
	任务完成情况	任务完成好	任务完成较好	任务完成一般	任务完成较差				
认知水平评价	对学习主题的认识	能清晰地阐述主题	对主题认识较清晰	对主题认识一般	主题认识欠佳				
	对学习活动结果的认识	能将学习到的知识用语言表述并记录下来	语言表述不流畅，基本能完全记录下来	表述不完整	思路不清晰，表述较简单				
创新能力评价	对活动的认识	对活动操作规律及事物间的内在联系达到较深刻的理解	理解较浅	理解模糊	未理解				
	知识迁移的创造性	学习活动中能将所学方法举一反三	只能运用解决较简单的问题	能联系新旧知识，但不能运用	不能联系新旧知识				

任务二　计算仓容

仓容即仓库的容量，是指在一定条件下，单位面积允许合理存放商品的最高数量（见图 4-2-1）。

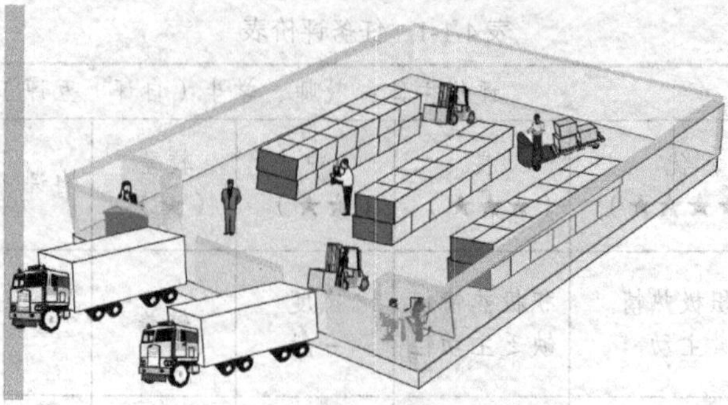

图 4-2-1　仓库的容量

学习目标

【知识目标】

（1）了解仓库容量的定义。

（2）了解仓库货物的存放要求。

（3）了解货位、货物、托盘和货架信息。

【能力目标】

（1）能处理入库通知。

（2）能做好入库计划。

任务描述

根据公司新决策，新增 3 000 m^2 仓储面积，你作为仓储部经理，要了解新增仓库可增加多少仓库容量。要求完成仓库容量计算。

任务分析

（1）仓库建筑面积：仓库内所有建筑物所占平面面积之和。若有多层建筑，则还应加上各层面积累计数。

（2）仓库总占地面积：从仓库外墙线算起，整个围墙内所占的全部面积。

（3）仓库使用面积：仓库可以用来存放货物的实有面积之和。

（4）仓库有效面积：在库房、货棚、货场内计划用来存放货物的面积之和。

（5）仓库面积利用率：仓库有效面积与仓库使用面积的百分比。

知识平台

一、了解仓储中的五距要求

1. 柱距、墙距

柱距指货垛或货架与库房内支撑柱子之间的距离。柱距应不小于 0.2 ~ 0.3 米（见图 4-2-2）。

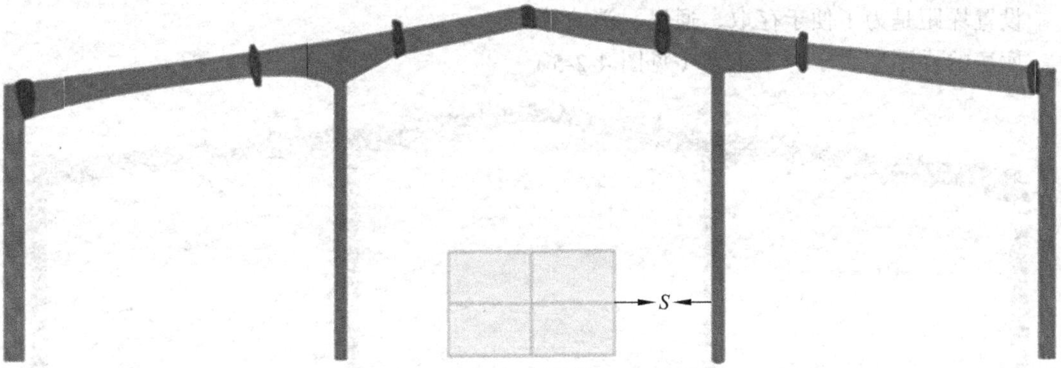

S≥0.2~0.3 m

图 4-2-2　库房柱距的要求

2. 顶距

平房仓库顶距应大于等于 0.3 米，多层库房顶距应大于等于 0.5 米（见图 4-2-3）。

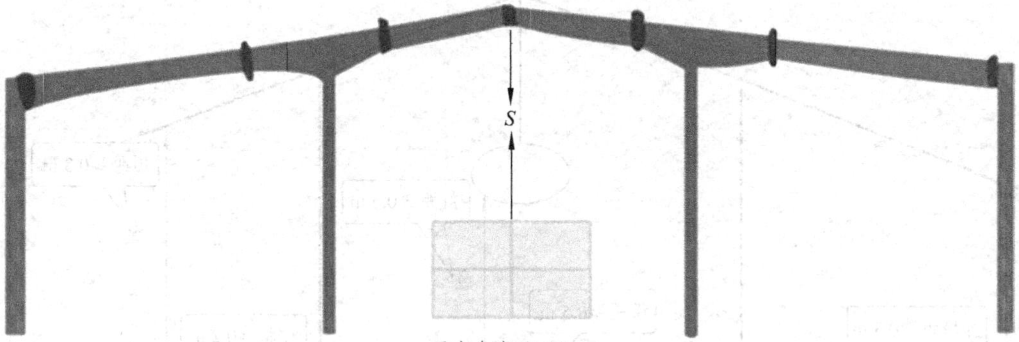

平房仓库S≥0.3 m
多层仓库S≥0.5 m

图 4-2-3　库房顶距的要求

3. 灯距

灯距为货垛或照明灯之间的必要距离。灯距必须严格规定大于等于 0.5 米（见图 4-2-4）。

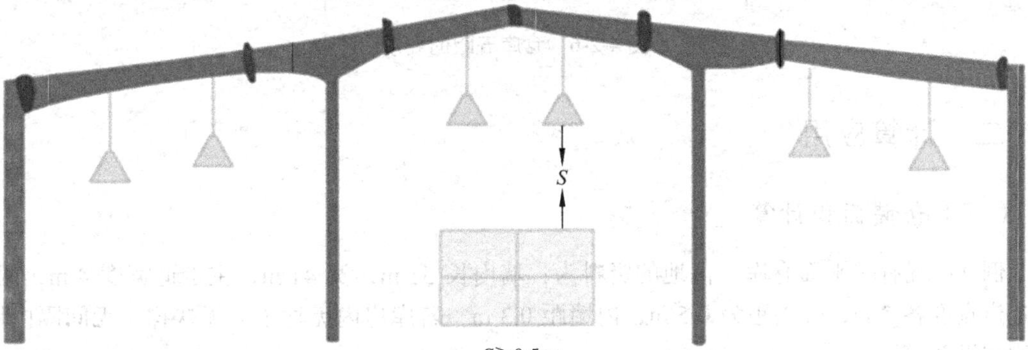

S≥0.5 m

图 4-2-4　库房灯距的要求

4. 垛距

垛距指货垛与货垛或货架与货架之间的必要距离。

设置垛距是为了便于存取、通风、消防等。

库房的垛距应大于等于 1 米（见图 4-2-5）。

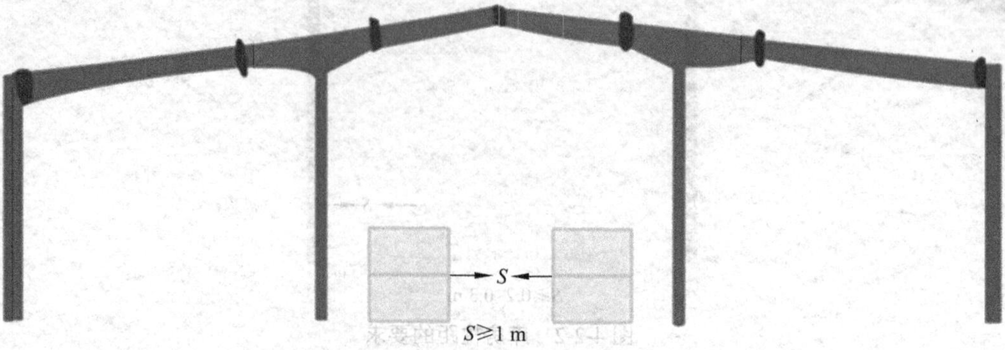

图 4-2-5　库房垛距的要求

5. 五距要求（见图 4-2-6）

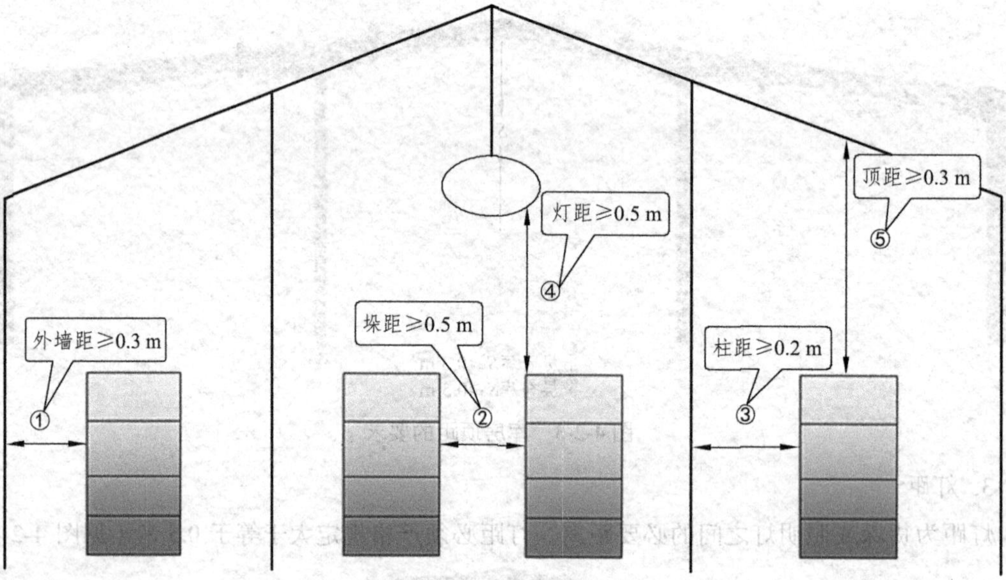

图 4-2-6　仓库五距的要求

二、计算应用

（一）仓储面积计算

例 1：现有一平面仓库，占地的资料为：墙内长 51 m，宽 41 m，主走道宽度 4 m，两条支走道宽度各 2 m，外墙距为 0.5 m，内墙距 0.3 m。若库房内无柱子、无扶梯、无间隔内墙，无固定设备等。

（1）库房使用面积为多少？

（2）走道面积为多少？

（3）支道面积为多少？

（4）内墙距面积为多少？

（5）外墙距面积为多少？

（6）库房的有效面积为多少？

（7）库房面积利用率为多少？

分析：（1）计算时不要重复计算和遗漏面积。

（2）若主道面积与支道面积相交叉，我们一般将交叉面积算在主道面积中。

（3）若通道面积与墙距面积相交交叉，我们一般将交叉面积算在墙距面积中。

（4）若外墙距面积与内墙距相交交叉，一般将交叉面积算在内墙距面积中。

当然算在什么面积中并不十分重要，关键是要区别开来，避免重复计算。

计算过程及结果为：

库房使用面积=51×41=2 091（m^2）

走道面积=4×41=164（m^2）

支道面积=2×[2×（51-4-2×0.3）]=185.6（m^2）

内墙距面积=2×41×0.3=24.6（m^2）

外墙距面积=2×（51-4-2×0.3）×0.5=46.4（m^2）

库房的有效面积=2 091-164-185.6-24.6-46.4=1 670.4（m^2）

库房面积利用率=1 670.4/2 091=79.89%

（二）仓库货物储存量

1. 储存量的计算

质量吨又称重吨，指货物毛重达 1 000 kg 以上，而体积（包括外包装）不大于 2 m^3，则以货物实际质量计算的吨。

体积吨又称尺码吨、尺吨、泡吨，指体积超过 2 m^3，而毛重不足 1 000 kg，以货物 2 m^3 折算为 1 t 的“吨”。

（1）散装货物的毛重就是连同货车或容器在内的总质量。

净重就是总重量减去货车或容器后的自身重量。

（2）有包装的产品+包装（塑料袋，泡沫，纸箱等）的重量就是毛重，去除包装产品自身重量是净重。

$$体积吨=货物体积（m^3）/2$$

例 2：某货物每件长 0.62 m，宽 0.52 m，高 0.45 m，毛重 80 kg，每件应折储存吨多少？

货物每件体积=0.62×0.52×0.45=0.145 08（m^3）

按体积折吨=0.145 08/2=0.072 54（t）

由于每件毛重 80 kg（0.08 t），大于 0.072 54 t，所以这种货物应按重量吨，每件折算成 0.08 t。

2. 堆高层数的计算

库房的可用高度指库房横梁高度减去顶距或灯的离地高度减去灯距后剩下的高度。

例 3：现有罐头食品 4 800 箱，纸箱尺寸为 50 cm×50 cm×50 cm，每箱重量为 2 kg，每平方米核定载重量为 100 kg。问可堆层数为多少？

如果该仓库库房高度为 6 m，照明灯具距离库顶为 0.5 m，灯距要求为 0.5 m，请问该仓库中的最大可堆高度层数为多少？

解：

根据重量算=（地坪承载能力×长×宽）/单件货物的重量

=（100×0.5×0.5）/2≈12（层）

根据高度算=（库房高度-灯距-灯顶距）/单件货物高度

=（6-0.5-0.5）/0.5=10（层）

因为 12>10，所以货物最大可堆高层数为 10 层。

任务实施

步骤一：测量仓库建筑尺寸。

步骤二：计算货架层数。

步骤三：统计货架截面面积。

步骤四：计算货架储存能力。

步骤五：计算仓库散货仓容。

模块五

入库作业

任务一　入库作业概述

学习目标

【知识目标】

（1）熟练掌握入库作业的基本流程、物品检验。

（2）理解入库作业各种单证的作用。

（3）了解入库作业相关单据的填制。

【能力目标】

（1）能根据供应商的入库通知编制入库作业计划。

（2）能根据货物性质进行收货验货。

（3）能处理收货过程中的异常情况。

知识平台

货品入库业务是指管理人员根据商品入库凭证接收商品入库储存时，经过接运提货、卸货、搬运、清点数量、检查质量、办理入库手续等一系列操作的总和。入库作业管理，就是对上述作业活动的计划与组织。

一、入库操作流程

入库操作流程如图 5-1-1 所示。

二、入库作业环节

入库作业环节如图 5-1-2 所示。

（一）制订入库计划

（1）了解货物入库的时间、数量、包装形式、规格；

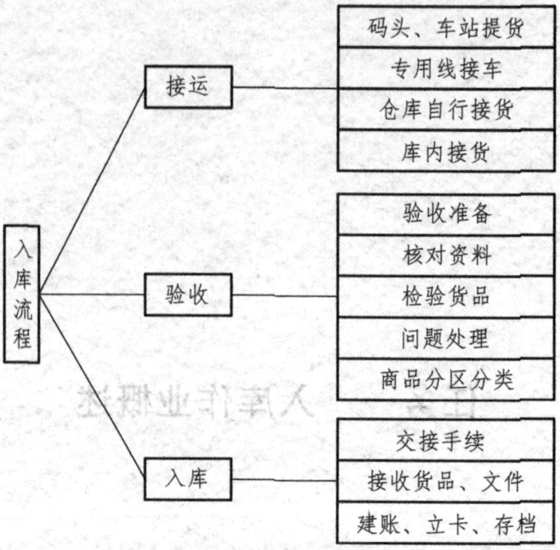

图 5-1-1　入库流程

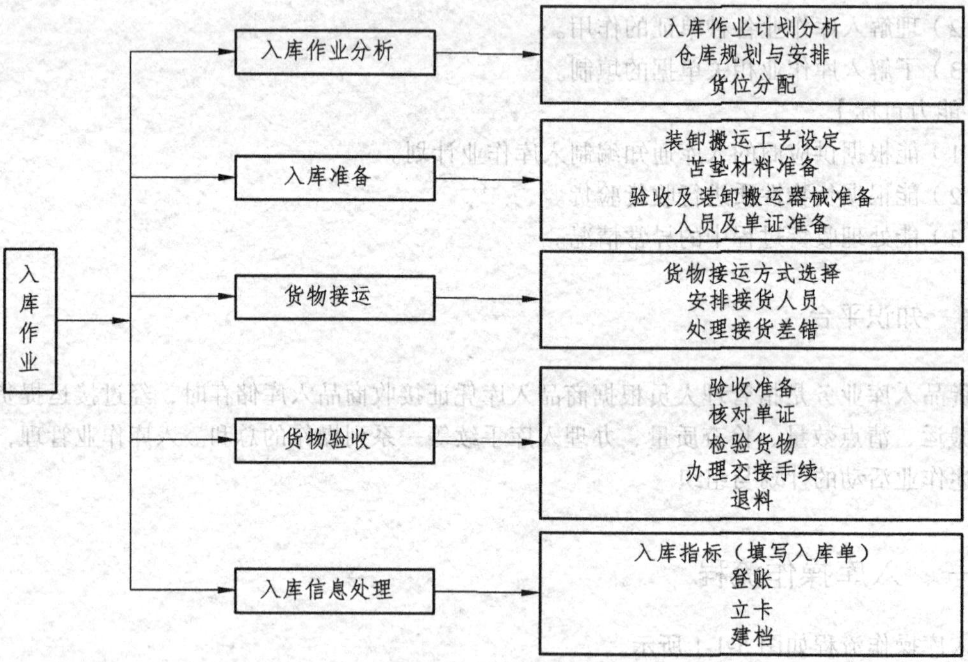

图 5-1-2　入库作业

（2）计划货物所需占用的仓容大小；

（3）预测车辆到达的时间和送货车型；

（4）为了方便装卸搬运，计划车辆的停放位置；

（5）计划货物的临时存放地点；

（6）确定入库作业的相关部门。

（二）入库准备

（1）信息准备；
（2）场地准备；
（3）设备准备；
（4）人员准备；
（5）货位准备；
（6）作业工艺设定；
（7）单证准备；
（8）苫垫准备。

（三）货物接运

入库作业第一道程序的主要任务是及时而准确地向交通运输部门提取入库货物，要求手续清楚、责任分明。

（四）审核单据

核对入库凭证，然后核查供货单位提供的发票、产地证明书、质量合格证书、装箱单、磅码单等，最后核查承运部门的运单。若有货损还需索取货运记录或普通记录。需要注意的是：单据的合法性、真实性、有效性以及相符性。

（五）初步验收

初步验收主要包括以下两个方面：
（1）数量验收即大数验收，清点货物大包装的数量是否与单证相符。
（2）包装检验：检查外包装是否存在异常，若有异常必须做好记录。

（六）货物交接

交接双方：收货人员与送货人。
收货人以送货单为依据，接收货物、单据以及随货同行的相应证明文件，最后双方在送货单、交接清单上签字和批注并留存凭证。

（七）货物验收

商品的入库验收，要进行数量点收和质量检验。数量点收，主要是根据商品入库凭证清点商品数量，检查商品包装是否完整，数量是否与凭证相符。质量检验，主要是按照质量规定标准，检查商品的质量、规格和等级是否符合标准，对于技术性强，需要用仪器测定分析的商品，须有专职技术人员进行。

（八）办理入库手续

入库手续主要是指交货单位与库管员之间所办理的交接工作，主要包括：商品的检查核对，事故的分析、判定，双方认定，在交库单上签字。仓库一方面给交货单位签发接收入库凭证，并将凭证交给会计、统计入账、登记；另一方面安排仓位，提出保管要求。

（九）分配货位

分配货位是指根据 ABC 分类原则，结合货物性质，给货物安排合理的储位。

（十）堆码上架

堆码上架是指根据货物的性质及包装标识进行合理安排，然后搬运到指定货位。

（十一）入库信息处理

入库信息处理是指将入库信息录入系统，并更新商品卡账信息。

任务二　入库准备

学习目标

【知识目标】

（1）熟悉入库工作的流程。

（2）了解入库准备工作的内容。

【能力目标】

（1）能查询货位、货物、托盘和货架信息。

（2）能处理入库通知，做好入库计划。

任务准备

根据 2018 年 11 月 10 日某个入库任务，分别以信息员、仓管员、仓储主管的身份完成本次入库的准备工作，按角色完成各自岗位的工作任务。

信息员：接收入库任务，并制作入库单，完成单证流转。

仓管员：做好入库储位安排、验收准备、设备准备。

仓储主管：制订入库计划，做好人员安排与协调。

任务描述

XD 物流公司信息员于 2018 年 11 月 10 日收到客户 MLJ 食品有限公司发来的入库通知，具体入库货物信息如表 5-2-1 所示。

请你以 XD 物流公司的仓储主管，信息员、仓管员的角色，做好该批货物的入库准备工作。

表 5-2-1　入库通知单

仓库名称：XD 物流公司河西库　　　　　　　　　　　　　　时间：2018 年 11 月 10 日

采购订单号			20181110001				
客户指令号		MLJ888		订单来源	QQ		
客户名称		MLJ 食品有限公司		质量	合格		
入库方式		送货		入库时间	2018 年 11 月 10 日 10:00		
序号	货品编号	名称	单位	包装规格（mm）（长×宽×高）	申请数量	实收数量	备注
1	6903252705171	康师傅红烧牛肉面	箱	490×230×230	20		
2	6901424333948	可口可乐	件	340×250×280	20		
3	8993175537605	丽芝士雅嘉威化饼	箱	300×240×230	18		
4	6902563688999	奥利奥夹心饼干	箱	540×440×280	8		
5	6942404210064	百事可乐	件	340×250×280	20		
6	6921168509256	农夫山泉矿泉水	件	480×325×200	8		
合计					94		

制单人：刘×　　　　　　　　送货人：杜×　　　　　　　　仓管员：余×

任务分析

影响入库作业的因素包括以下四个方面。

一、供应商的送货方式

供应商的送货方式将直接影响入库作业的组织和计划。入库作业应考虑的如图 5-2-1 所示。

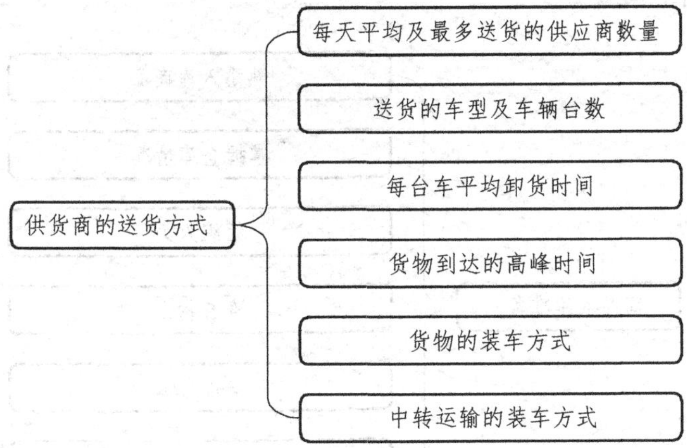

图 5-2-1　供应商的送货方式

二、商品的种类、特性与数量

（1）每天平均送达的商品品种数。

（2）商品的尺寸及重量。

（3）商品的包装形态。

（4）商品的保质期。

（5）商品装卸搬运方式。

三、人力资源

入库作业要考虑如何合理利用仓库的人力资源，包括员工的技术素质、工作时间、工作时间的合理调配、高峰期的作业组织等。

四、设备及存货方式

仓库设备也是组织入库作业的影响因素，叉车、传送带、货架储位可用性等要加以综合考虑。同时也要考虑商品在仓库期间的作业状态，是否需要拆箱、再包装工作等，为入库安排提供帮助。

知识平台

一、物品入库准备

商品入库前的具体准备工作，是指仓储保管部门接收商品入库的具体实施方案，这种具体方案，是根据仓储业务计划并通过日常与供应业务部门，商品运输部门的联系，在掌握入库商品的品种、数量、到货地点、到货日期等具体情况的基础上来确定的。其主要内容包括以下几个方面（见图 5-2-2）。

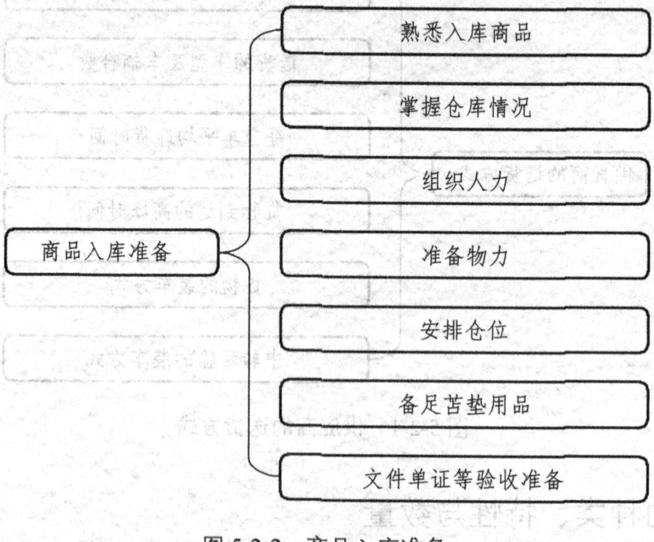

图 5-2-2　商品入库准备

（1）熟悉入库物品：认真查阅入库物品资料，掌握物品特性及储存要求。

（2）掌握仓库情况：了解仓库的库容、设备、人员的变动情况，保证作业空间。

（3）组织人力：做好接受货物相关岗位的人员的安排。

（4）准备物力：合理准备货物接运、验收、堆码上架所需要的作业物品。

（5）安排仓位：结合物品、仓库分区情况安排货物和存储方案，检查货架状态和货物存放环境，必要时要进行相应的处理。

（6）备足苫垫用品：准备苫垫材料、作业用具。

（7）文件单证等验收准备。

二、货物入库方式

货物入库方式如图 5-2-3 所示。

图 5-2-3　货物入库方式

三、货物入库交接方式

（一）供货单位直接送货到库接货

托运单位与仓库在同一城市或附近地区，不需要长途运输时采用此交接方式。

（二）铁路专用线到货接运

此方式是大批整车或零担到货接运的形式。铁路承担主干线长距离的货物运输，汽车承担直线部分的直接面向收货方的短距离的运输。

铁路专用线接运是仓库直接与铁路部门在库内发生货物交接的一种方式，流程如图 5-2-4 所示。

要做好以下五项工作：

（1）接到专用线到货通知后，应立即确定卸货货位，组织好卸车所需要的机械、人员和有关资料。

（2）车皮到达后，引导对位，进行检查；检查商品状况，把好商品入库第一关。

（3）进行商品收卸作业，要遵循“安全、快速、准确、方便”的原则，做到：车号、商品品名、规格型号不混不乱；不碰坏、不压伤商品；不得自行打开包装；保证包装及捆扎完整；做好临时下垫上盖；在限定时间内卸完到货，不压车压线；卸车完成后，要对现场进行清理。

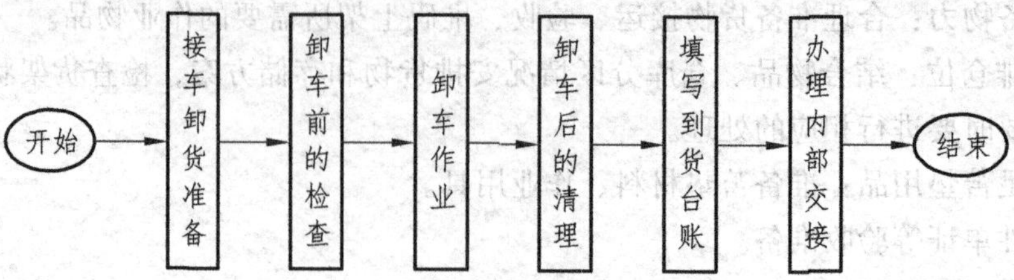

图 5-2-4　铁路专用线接运流程

（4）填写到货台账，办理内部交接。

（5）货物卸完后，编制卸车记录，记明卸车货物规格、数量等尽快与保管员办好内部交接手续。

（三）到车站、码头提货

由外地托运人委托铁路、水运、民航等运输部门或邮局代运或邮递货物到达本埠车站、码头、民航站、邮局后，仓库依据货物通知单派车提运货物的作业活动。

注意事项如下：

（1）提货人员应该充分了解所提取的货物。

（2）提货时应根据运单以及有关资料详细核对品名、数量，并要注意外观，查看包装、封印是否完好，有无玷污、受潮等情况。若存在则应当场要求运输部门检查，并做好相应记录。

（3）短途运输中，要做到不混不乱，避免碰坏损失。

（4）物品到库后，提货员应与保管员密切配合，尽量做到提货、运输、验收、入库、堆码一条龙作业，从而缩短入库验收时间，并办理内部交接手续。

（四）到供货单位提货

（1）仓库接收货物委托直接到供货单位提货时，应将这种接货与检验工作结合起来同时进行。

（2）仓库应根据提货通知，了解所提物品的性能、规格、数量，准备好提货所需的机械、工具、人员、配备，以供保管员在供方当场检验质量、清点数量，并做好验收记录。接货与验收合并一次完成。

任务实施

步骤一：信息员根据入库通知书，制作入库单，并进行信息传递。

步骤二：仓储主管根据客户的要求，制订入库计划，进行场地人员设备的安排。

步骤三：仓管员根据入库货物的交接方式做好接运准备，根据货物性质与数量并做好验收入库准备。

想一想 练一练

（1）请做出入库的流程图。

（2）提货的准备工作有哪些？

知识拓展

任务锦囊一

收到接运通知单时，有关部门就要安排人员接货。但是在商品入库的高峰期，应该综合考虑以下三个因素并合理安排接货顺序。

（1）商品的紧急程度。

（2）商品在承运单位的保存期限。

（3）仓库人力、物力资源。

任务锦囊二

装卸搬运方法及设备的选择如表 5-2-2 所示。

表 5-2-2　装卸搬运方法及设备的选择

场所		装卸方式	装卸用具	装卸对象
仓库内	高站台	人力装卸	无	少量货物
		利用搬运装卸机器装卸	手推车、手车、搬运车、手推平板车、电动平板车、带轮的箱式托盘	一般货物、托盘货物
		输送机装卸	动力式输送机	箱装货物、瓦楞纸箱
	低站台	叉车装卸	叉车+侧面开门的车身	托盘货物
			叉车+托盘等带移动装置的车体	
		输送机装卸	动力式输送机	箱装货物、瓦楞纸箱
仓库外		人力装卸	和重力式输送机并用	一般杂货
		机械装卸（利用卡车上装设的装卸机械）	卡车携带小型吊车	机械类托盘货物、建筑材料
			自动升降板装置	桶罐、储气罐小型搬运车或带轮箱式托盘货物和推平板车的组合

任务三　货物验收

货物验收又称商品验收，是指仓库在商品正式入库前，按照一定的程序和手续，对到库商品进行数量和外观质量的检查，以验证商品是否符合订货合同规定的一项工作。

学习目标

【知识目标】

（1）了解商品验收的基本要求。

（2）熟悉商品验收的基本内容。

【能力目标】

（1）能运用仓库常用的质量检验方法。

（2）能灵活处理验收过程中发现的问题。

任务准备

根据 2018 年 11 月 10 日 MLJ 食品有限公司发来入库通知单，仓管员准备验收工具，按要求完成货物的验收任务。

任务描述

XD 物流公司信息员于 2018 年 11 月 10 日收到客户 MLJ 食品有限公司发来的入库通知，具体入库货物信息如表 5-3-1 所示。

表 5-3-1　入库通知单

仓库名称：XD 物流公司河西库　　　　时间：2018 年 11 月 10 日

采购订单号			20181110001				
客户指令号		MLJ888		订单来源		QQ	
客户名称		MLJ 食品有限公司		质量		合格	
入库方式		送货		入库时间		2018 年 11 月 10 日 10:00	
序号	货品编号	名称	单位	包装规格（mm）（长×宽×高）	申请数量	实收数量	备注
1	6903252705171	康师傅红烧牛肉面	箱	260×200×200	25		
2	6901424333948	可口可乐	件	340×250×280	19		
3	8993175537605	丽芝士雅嘉威化饼	箱	300×240×230	18		
4	6902563688999	奥利奥夹心饼干	箱	480×325×200	8		
5	6942404210064	百事可乐	件	490×230×230	20		
6	6921168509256	农夫山泉矿泉水	件	540×440×280	8		
合计					98		

制单人：刘×　　　　送货人：杜×　　　　仓管员：余×

请你以仓管员的身份完成该批货物的验收工作。

任务分析

收到入库通知单，信息员制作入库通知单发送给仓管员，仓管员根据货物的性质特点采用验收工具进行数量、质量、外包装等验收，确保货物数量准确、质量合格、安全无误进入下一环节。

理清入库环节流程如图 5-3-1 所示。

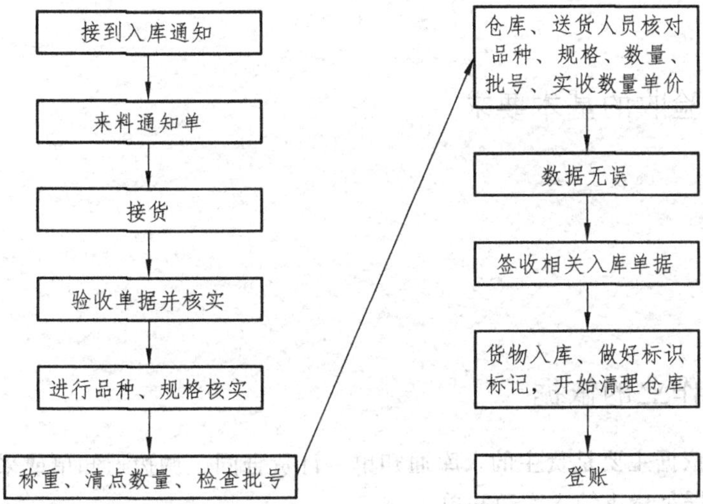

图 5-3-1　清理数据入库环节流程

知识平台

一、验收的作用和意义

1. 目的

检查货物在发货或运输过程中可能发生的问题，分清各方责任，了解入库货物的质量和包装状况，采取适当的养护措施，保证货物安全、完好入库。

2. 作用

物资验收是确定物资在入库时的数量和质量状态最重要的一个环节，通过此环节可以将残次不合格品剔除出去，为物资的保管、出库、最终安全地投入使用奠定基础。

3. 意义

（1）物资验收是对物资采购行为结果的全面评价，是完善采购流程的重要保障，是维护采购人合法权益的有效手段之一，也是检查监督生产制造企业、贸易商、承运商等相关当事人职责履行情况的有效措施之一。

（2）物资验收是对物资质量、数量、包装和运输等情况的一次全面考核，验收过程中发现的产品质量、数量、包装、运输等一系列问题，会对相关当事人的质量管理起到一定的推动和促进作用。

（3）通过物资验收可以彻底而清晰地反映出即将入库物资质量、数量的实际状况，剔除残次不合格品，为保证物资供给的安全性以及制定科学的保管保养措施提供依据，最终确保在出库时为下游客户提供数量准确、质量优良的物资。

（4）物资验收可以提高资金使用效益。

（5）物资验收可以强化对供应商的约束、监督及管理力度。验收记录对物资质量、数量状态的及时准确描述是采购部门提出拒收、退货、索赔的依据，也是对供应商进行考核评价的依据。

二、商品验收的基本要求

（1）准确。
（2）及时。
（3）严格。
（4）经济。

三、验收作业的依据

商品验收的依据主要是货主的入库通知单、订货合同、调拨通知单或采购计划，在这些资料中，主要依据是货主的入库通知单。

四、商品验收的基本内容

（一）商品数量验收

数量检验主要有计件、检斤、检尺求积三种形式。

按件数供货或以重量为计量单位的商品，做数量验收时要清点件数。

按重量供货或以重量为计量单位的商品，做数量验收时，有的采用检斤称重的方法，有的则采用理论换算的方法。

按体积供货或以体积为计量单位的商品，做数量验收时要先检尺后再求积。

确定验收比例时，要考虑的因素如图 5-3-2 所示。

（二）商品质量验收

质量检验包括外观检验、尺寸检验、理化检验等三种形式。仓库一般只做外观检验和尺寸精度检验。理化检验则由仓库检验技术人员取样，委托专门检验机构或用货方技术人员进行检验。

（三）商品包装验收

仓库主要是对商品的外包装进行检验，通常是在初验时进行，检验包装有无被撬、开缝、污染、破损、水渍等不良情况。

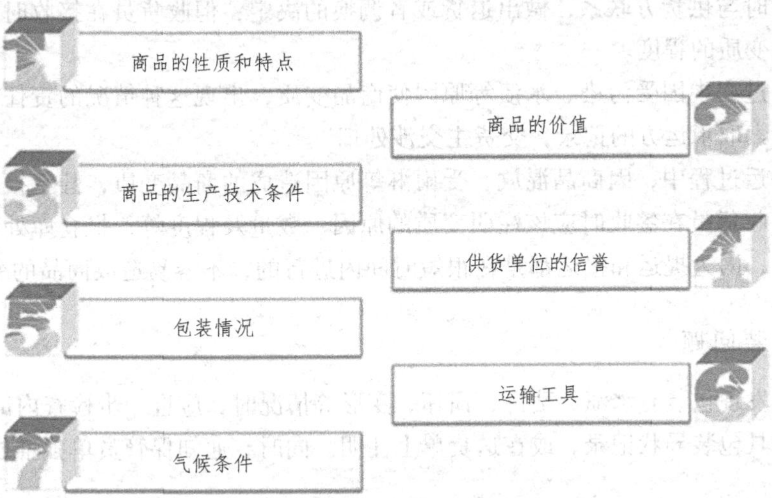

图 5-3-2　确定验收比例要考虑的因素

常见包装物安全含水量如表 5-3-2 所示。

表 5-3-2　常见包装物安全含水量

包装材料	含水量	说明
木箱（外包装）	18%～20%	内装易霉、易锈商品
	18%～23%	内装一般商品
纸箱	12%～14%	五层瓦楞纸的外包装及纸板衬垫
	10%～12%	三层瓦楞纸的包装及纸板衬垫
胶合板箱	15%～16%	—
布包	9%～10%	—

五、验收过程中发现问题的处理

（一）数量问题

如果验收后发现商品的实际数量与凭证上所列的数量不一致时，应由收货人在凭证上做好详细记录，按实际数量签收，并及时通知送货人和发货方。

（二）质量问题

与铁路、交通运输部门初步验收时发现质量问题，应会同承运方清查点验，并由承运方编制记录或出具证明书，作为索赔的依据。如确认责任不在承运方，也应做好记录，由承运者签字，以便作为向供货方联系处理的依据。如拆包进一步验收时发现质量问题，应将有问题的商品单独堆放，并在入库单上分别签收，同时通知供货方，以划清责任。

一般来讲，入库商品变质的原因主要如下：

（1）由生产厂商或流通领域中长期存放或者保管不善造成的。此种情况的变质，责任在供货方，应及时与供货方联系，做出退货或者调换的决定，但收货员在接收时应该详细说明变质的数量和变质的程度。

（2）承运过程中因受污染、水渍等原因使商品变质，出现这种情况的责任在承运方，收货员签收时应索取承运方的记录，交货主交涉处理。

（3）在提运过程中，因商品混放、受雨淋等原因造成的商品变质，甚至报废，这是提运人员的责任，收货员在签收时应该注明变质的原因、数量及程度等，报仓库处理。但此种情况的变质较少，因为提运和接运都是在很短时间内进行的，不容易造成商品的变质。

（三）包装问题

清点大件发现包装有水渍、玷污、损坏、变形等情况时，应进一步检查内部细数和质量，并由送货人开具包装异状记录，或在送货单上注明。同时，通知保管员单独堆放，以便处理。

（四）其他问题

1. 商品串库

商品串库是指应该送往甲库的商品误送到乙库。当初步检查发现串库现象，应立即拒收；如在验收细数中发现串库商品，应及时通知送货人办理退货手续，同时更正单据。

2. 有货无单

有货无单是指货物先到达而有关凭证还未到达。对此应暂时安排场所存放，及时联系，待单证到齐后再验收入库。

3. 有单无货

存货单位先将单证提前送到仓库，但经过一段时间后，尚没有见到货，应及时查明原因，将单证退回并注销。

4. 货未到齐

由于运输方式的原因，同一批商品不能同时到达，对此，应分单签收。

任务实施

步骤一：验收准备。

（1）人员准备。

安排好负责质量验收的技术人员或用料单位的专业技术人员，以及配合数量验收的装卸搬运人员。

（2）资料准备。

收集并熟悉待验商品的有关文件，如技术标准、订货合同等。

（3）器具准备。

准备好验收用的检验工具，如衡器、量具等，并校验准确。

（4）货位准备。

确定验收入库时存放货位，计算和准备堆码苫垫材料。

（5）设备准备。

大批量商品的数量验收，必须要有装卸搬运机械的配合，应做好设备的申请调用。

步骤二：卸货收货（见表 5-3-3）。

表 5-3-3　装卸搬运方法及设备的选择

<table>
<tr><th colspan="2">场所</th><th>装卸方式</th><th>装卸用具</th><th>装卸对象</th></tr>
<tr><td rowspan="6">仓库内</td><td rowspan="3">高站台</td><td>人力装卸</td><td>无</td><td>少量货物</td></tr>
<tr><td>利用搬运装卸机器装卸</td><td>手推车、手车、搬运车、手推平板车、电动平板车、带轮的箱式托盘</td><td>一般货物、托盘货物</td></tr>
<tr><td>输送机装卸</td><td>动力式输送机</td><td>箱装货物、瓦楞纸箱</td></tr>
<tr><td rowspan="3">低站台</td><td rowspan="2">叉车装卸</td><td>叉车+侧面开门的车身</td><td rowspan="2">托盘货物</td></tr>
<tr><td>叉车+托盘等带移动装置的车体</td></tr>
<tr><td>输送机装卸</td><td>动力式输送机</td><td>箱装货物、瓦楞纸箱</td></tr>
<tr><td colspan="2" rowspan="3">仓库外</td><td>人力装卸</td><td>和重力式输送机并用</td><td>一般杂货</td></tr>
<tr><td rowspan="2">机械装卸（利用卡车上装设的装卸机械）</td><td>卡车携带小型吊车</td><td>机械类托盘货物、建筑材料</td></tr>
<tr><td>自动升降板装置</td><td>桶罐、储气罐小型搬运车或带轮箱式托盘货物和推平板车的组合</td></tr>
</table>

步骤三：商品验收。

（1）相关单据审核。

（2）货品检验。根据商品性质选择适合的验收方法。主要完成数量、质量、包装三个方面的验收。具体要求：准确、及时、严格、节约。

接货检查包装：仓管员合理安排货物在库房的摆放，验收入库货物。如发现有问题，请按下列规定处理：

① 数量不符：仓管员应报告仓库经理，并及时与送货方沟通，如送货方无法补齐货物，在送货单上按实收数量签收，并在备注栏注明原因。

② 质量异状：质检员对有问题的成品进行检查，确认是否可以使用及签收；如送货方无法及时补齐货物，在送货单上按实收数量签收，并在备注栏注明原因。

③ 包装破损：质检员对出现包装破损货物确认是否可以使用及签收；如果破损，应要求送货方重新更新包装，或根据与送货方的协议先入库，并在单据中注明实收数量及情况。

步骤四：交接手续。

（1）接收货物，是指仓库通过理货、查验货物，将不良货物剔出、退回或者编制残损单证以明确责任，确定收到货物的确切数量。在接收货物的同时也要接受送货人送交相关文件，如货物资料、准运证、货物运输的普通记录和设备记录等。

（2）接收文件，是指仓库在接收货物的同时，也要接受送货人送交的货物资料、运输的货运记录、普通记录等，以及随货的运输单证上注明的其他文件，如图纸、准运证等。

签收手续：初步验收过后，送货人、收货人在运货单上进行商品交接签字确认。

送货单如表 5-3-4 所示。

表 5-3-4　送货单

送货单位：　　　　　　　　　　　　　　　　　　　　　　　　日期：　　年　　月　　日

品名	规格	单位	数量	包装

送货单位：（盖章）　　送货人：______　　收货单位：（盖章）　　收货人：

步骤五：单据处理，电脑入数。

按单据的要求及时传递各部门，仓库做好有关登记及统计工作。仓管员应在收到进货单后当天内做好入数工作。入数前，应确保所输入的原始单据和数据准确无误。商品检验记录表、入库验收单和入库商品异常报表如表 5-3-5 ~ 5-3-7 所示。

表 5-3-5　商品检验记录表

供货商		采购订单号			入库通知单号		
运单号		合同号			车号		
发货日期		到货日期			验收日期		
序号	商品名称	商品编码	规格型号	计量单位	应收数量	实际数量	差额

单位负责人：　　　　　　　　复核：　　　　　　　　检验员：

表 5-3-6　入库验收单

编号：

货物名称		型号/规格	
供方		进货日期	
进货数量		验证数量	
验证方式			
验证项目	标准要求	验证结果	是否合格
检验结论	1. 合格　　2. 不合格		
复检记录	1. 2.		
检验主管		检验员	日期
不合格品处置方法	1. 拒收　2. 让步接收　3. 全检		
	批准	日期	
备注	对于顾客的货品，其不合格品处置由顾客批准		

表 5-3-7　入库商品异常报告

序号：　　　　　　　　　　　　　　编号：

货物编号	品名	规格	数量	异常情况

送货人：　　　　　　　　　　　　　验收人：

步骤六：仓管员再次核对单据的有效性，将已经确认质量合格货物与单据上所列代码、批号、品名、规格、数量等项目核对，确认无误后合理安排货位入库。

评价与分析如表 5-3-8 所示。

表 5-3-8　活动过程评价表

班级	姓名		组号		日期	
序号	评价要点	配分	自评	小组评价	教师评价	总评
1	能说出验收的作用及要求	10				
2	正确选择验收工具	10				
3	按要求完成验收内容	10				
4	会运用常用的验收方法	20				A B C D
5	熟练验收货物的处理	20				
6	能灵活处理不合格货物	20				
7	团结协作	10				
小结与建议						

想一想 练一练

（1）验收的准备工作有哪些？
（2）描述验收不合格货品的处理办法。

知识拓展

任务锦囊一

1. 库前检查

检查货品包装、条码和封条是否完好无损。
检查托盘条码是否粘贴正确。

2. RF 终端货品核对

核对货品的品名、数量、规格、条码号等信息。

3. 搬运到储位

运用搬运设备将货品搬运到指定地点。

4. 货入储位

将货品放入指定存储货位，并用 RF 终端扫描货位条码。

5. 签入库单

签入库单，交核算人员入库确认。

任务锦囊二

1. 验收作业中的工作要领

（1）验收作业需要在供应商代表在场的情况下进行。

（2）采用检斤法清点数量需要注意产品属性、尺寸重量换算值、合同规定检验方法等。

（3）检验货品外包装时，若发现外包装有变形、破损、受潮等现象时要对问题货品进行拍照，并做详细记录，以便于责任的认定。

（4）抽样检验货品时，若发现某一类型的货品存在质量问题，应该对该类型的所有货品进行检验，对外包装不完好的货品要进行全部检验。

2. 验收作业的评价指标

单位商品验收时间=验收总时间÷验收商品总件数

验出商品差异率=验出商品差异数÷商品总差异数×100%

任务四　货位分配

学习目标

【知识目标】

（1）掌握 ABC 分类管理方法。

（2）熟悉货位编号方法。

【能力目标】

（1）会对货物进行 ABC 分类管理。

（2）能对入库商品进行货位安排。

任务准备

根据 2018 年 11 月 10 日某个入库任务，进行货位安排。

任务描述

XD 物流公司信息员于 2018 年 11 月 10 日收到客户 MLJ 食品有限公司发来的入库通知，具体入库货物信息如表 5-4-1 所示。

表 5-4-1　入库通知单

仓库名称：XD 物流公司河西库　　　　时间：2018 年 11 月 10 日

<table>
<tr><td colspan="3">采购订单号</td><td colspan="5">20181110001</td></tr>
<tr><td colspan="2">客户指令号</td><td colspan="2">MLJ888</td><td colspan="2">订单来源</td><td colspan="2">QQ</td></tr>
<tr><td colspan="2">客户名称</td><td colspan="2">MLJ 食品有限公司</td><td colspan="2">质量</td><td colspan="2">合格</td></tr>
<tr><td colspan="2">入库方式</td><td colspan="2">送货</td><td colspan="2">入库时间</td><td colspan="2">2018 年 11 月 10 日 10:00</td></tr>
<tr><td>序号</td><td>货品编号</td><td>名称</td><td>单位</td><td>包装规格（mm）（长×宽×高）</td><td>申请数量</td><td>实收数量</td><td>备注</td></tr>
<tr><td>1</td><td>6903252705171</td><td>康师傅红烧牛肉面</td><td>箱</td><td>260×200×200</td><td>25</td><td></td><td></td></tr>
<tr><td>2</td><td>6901424333948</td><td>可口可乐</td><td>件</td><td>340×250×280</td><td>19</td><td></td><td></td></tr>
<tr><td>3</td><td>8993175537605</td><td>丽芝士雅嘉威化饼</td><td>箱</td><td>300×240×230</td><td>18</td><td></td><td></td></tr>
<tr><td>4</td><td>6902563688999</td><td>奥利奥夹心饼干</td><td>箱</td><td>480×325×200</td><td>8</td><td></td><td></td></tr>
<tr><td>5</td><td>6942404210064</td><td>百事可乐</td><td>件</td><td>490×230×230</td><td>20</td><td></td><td></td></tr>
<tr><td>6</td><td>6921168509256</td><td>农夫山泉矿泉水</td><td>件</td><td>540×440×280</td><td>8</td><td></td><td></td></tr>
<tr><td colspan="5">合计</td><td>98</td><td></td><td></td></tr>
</table>

制单人：刘×　　　　送货人：杜×　　　　仓管员：余×

请你以 XD 物流公司信息员的角色，做好该批货物的库位安排工作。

任务分析

货物存放原则：

（1）根据物品特性分区、分类储存，将特性相近的物品集中存放。

（2）将单位体积大、质量大的物品存放在货架底层，并且靠近出库区和通道。

（3）将周转率高的物品存放在进出库装卸搬运最便捷的位置。

（4）将统一供应商或同一客户的物品集中存放，以便进行分拣配货作业。

知识平台

ABC 分类法全称为 ABC 分类库存控制法，又称物资重点管理法。其基本原理是，根据库存物资中存在着少数物资占用大部分资金，而大多数物资却占用很少资金，利用库存与资金占用之间的这种规律，对库存物资按其消耗数量、价值大小进行分类排队。将数量少价值大的一类称为 A 类，将数量大、价值小的一类称为 C 类，介于 A 与 C 类中间的为 B 类。然后分别采用不同的管理方法对其进行控制，即为 ABC 分类法。对 A 类物资，应列为物资管理的重点对象，实行定期订购的控制方式，对库存盘点、来料期限、领发科等要严格要求。对 C 类物资，则定为物资管理的一般对象，采用比较粗放的管理方法，即定量订购的控制方式，可以适当加大保险储备量。对 B 类物资，企业可根据自己物资管理的能力和水平，选择综合或连续、定期的控制方法。

任务实施

步骤一：将货物进行分类 ABC 分类。

物动量 ABC 分类标准：根据累计出库比例，70%（含 70%）以下为 A 类货物；70% ~ 90%（含 90%）为 B 类货物；90% ~ 100%（含 100%）为 C 类货物。

根据“出库作业周报”，21 种货物物动量 ABC 分类如表 5-4-2 所示。

表 5-4-2　ABC 分类

货品编码/条码	货品名称	出库量	所占比例		累计比例		分类
			品目	出库量	品目	出库量	
6921168509256	农夫山泉矿泉水	10 221	4.761 9%	24.932 9%	4.761 9%	24.932 9%	A
6931491701296	小天使复印纸	9 456	4.761 9%	23.066 8%	9.523 8%	47.999 7%	
8993175537605	丽芝士雅嘉威化饼	9 210	4.761 9%	22.466 7%	14.285 7%	70.466 4%	
6901424333948	可口可乐	2 540	4.761 9%	6.196 0%	19.047 6%	76.662 4%	B
6922266437342	戴尔台式电脑	1 400	4.761 9%	3.415 1%	23.809 5%	80.077 6%	
6903252705171	康师傅红烧牛肉面	1 199	4.761 9%	2.924 8%	28.571 4%	83.002 4%	
6922049002309	亚太记事本	1 170	4.761 9%	2.854 1%	33.333 3%	85.856 4%	
694240421006401	百事可乐	1 141	4.761 9%	2.783 3%	38.095 2%	88.639 8%	

续表

货品编码/条码	货品名称	出库量	所占比例		累计比例		分类
			品目	出库量	品目	出库量	
6922266436192	电工工具箱	847	4.761 9%	2.066 2%	42.857 1%	90.705 9%	C
6922100321103	罗技键盘	578	4.761 9%	1.410 0%	47.619 0%	92.115 9%	
6945782502202	北大荒牌大米	518	4.761 9%	1.263 6%	52.380 9%	93.379 5%	
6902083881405	娃哈哈饮用纯净水	444	4.761 9%	1.083 1%	57.142 9%	94.462 6%	
6921317905038	康师傅矿物质水	345	4.761 9%	0.841 6%	61.904 8%	95.304 2%	
6920336897232	鸭司令松花蛋	291	4.761 9%	0.709 9%	66.666 7%	96.014 0%	
6922883400118	好长兴银耳花	288	4.761 9%	0.702 5%	71.428 6%	96.716 6%	
6902563688999	奥利奥夹心饼干	266	4.761 9%	0.648 9%	76.190 5%	97.365 5%	
6902088703498	奥妙净蓝洗衣粉	256	4.761 9%	0.624 5%	80.952 4%	97.989 9%	
6920174736940	立白新金桔洗洁精	220	4.761 9%	0.536 7%	85.714 3%	98.526 6%	
6910019005154	超能天然皂粉	211	4.761 9%	0.514 7%	90.476 2%	99.041 3%	
6903148079387	碧浪专业去渍洗衣粉	203	4.761 9%	0.495 2%	95.238 1%	99.536 5%	
6943620593801	亚明威水杯	190	4.761 9%	0.463 5%	100.000 0%	100.000 0%	
合计		409 94	100.000 0%	100.000 0%			

确定本次入库货物的分类情况。

步骤二：根据任务二中验收结果对货物进行货位安排。在图 5-4-1 中标注出来，并完成储位信息表（见表 5-4-3）。

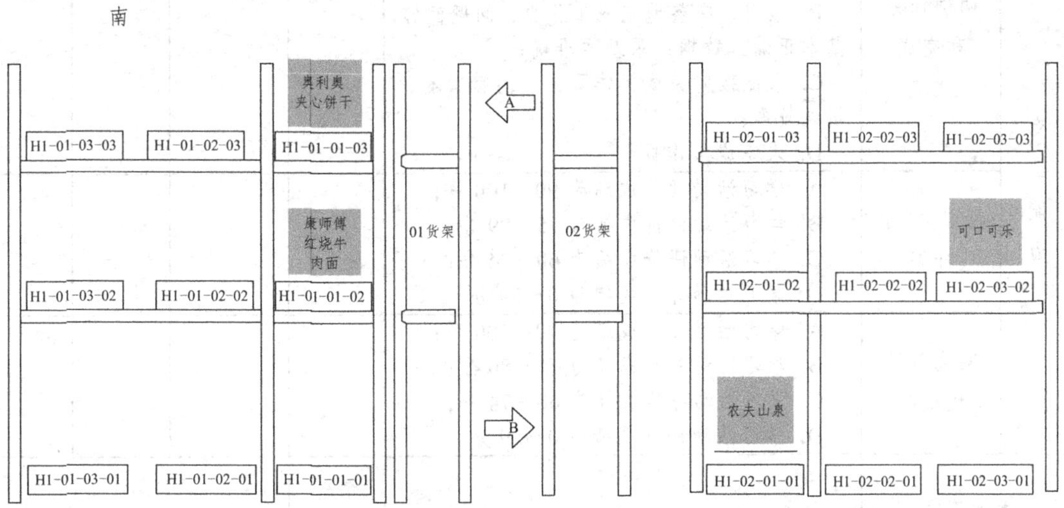

图 5-4-1　货位安排

表 5-4-3　货位使用信息表

序号	商品名称	入库/箱	托盘数/个	货位
1	康师傅红烧牛肉面	25	1	
2	可口可乐	19	2	
3	丽芝士雅嘉威化饼	18	2	
4	奥利奥夹心饼干	8	1	
5	百事可乐	20	1	
6	农夫山泉矿泉水	8	1	

步骤三：仓管员根据库位安排完成实际货物入库上架，并录入信息系统（见表 5-4-4）。

表 5-4-4　项目过程考核小组互评表

内容						
		被评价组				
项目	评价内容	评价标准	自评	组评价	教师评价	综合
职业素养	学习态度的主动	A. 积极参与教学活动，全勤； B. 缺勤达本任务总学时的 10%； C. 缺勤达本任务总学时的 20%； D. 缺勤达本任务总学时的 30%				
	团队合作精神	A. 与同学协作融洽、团队合作意识强； B. 与同学能沟通、协同工作能力较强； C. 与同学能沟通、协同工作能力一般； D. 与同学沟通困难、协同工作能力较差				
专业能力	明确任务和完成情况	A. 按时、完整地完成工作，问题回答正确，数据记录准确完整； B. 按时、完整地完成工作页，问题回答基本正确，数据记录基本准确； C. 未能按时完成工作页，或内容遗漏、错误较多； D. 未完成工作页				
	指定、展示计划	A. 学习活动评价成绩为 90～100 分； B. 学习活动评价成绩为 75～89 分； C. 学习活动评价成绩为 60～74 分； D. 学习活动评价成绩为 0～59 分				
	实施与过程检验	A. 学习活动评价成绩为 90～100 分； B. 学习活动评价成绩为 75～89 分； C. 学习活动评价成绩为 60～74 分； D. 学习活动评价成绩为 0～59 分				
教师签字			学生签字			

想一想 练一练

训练一：指出下列货位并转化成地址或将地址转化成货位。

（1）5K-3-2-1。

（2）AC-5-7。

（3）2P-1-4-6。

（4）存放于 101 库，5 号货区，第三排货架，第五层第五个。

（5）存放于露天货场 5 区，第三排，第三垛。

（6）存放于 A 库 4 号货区，4 号货架，第五层，第四个。

训练二：准备 20 个货位编码，要求每位学生从中抽取 10 张，根据有关原则进行实地货位查找练习。

训练三：游戏—仓库躲猫猫（见图 5-4-2～5-4-13）。

货位编码规则为：

第1位	第2、3位	第4、5位	第6、7位
区号	排	层	列

仓库平面图

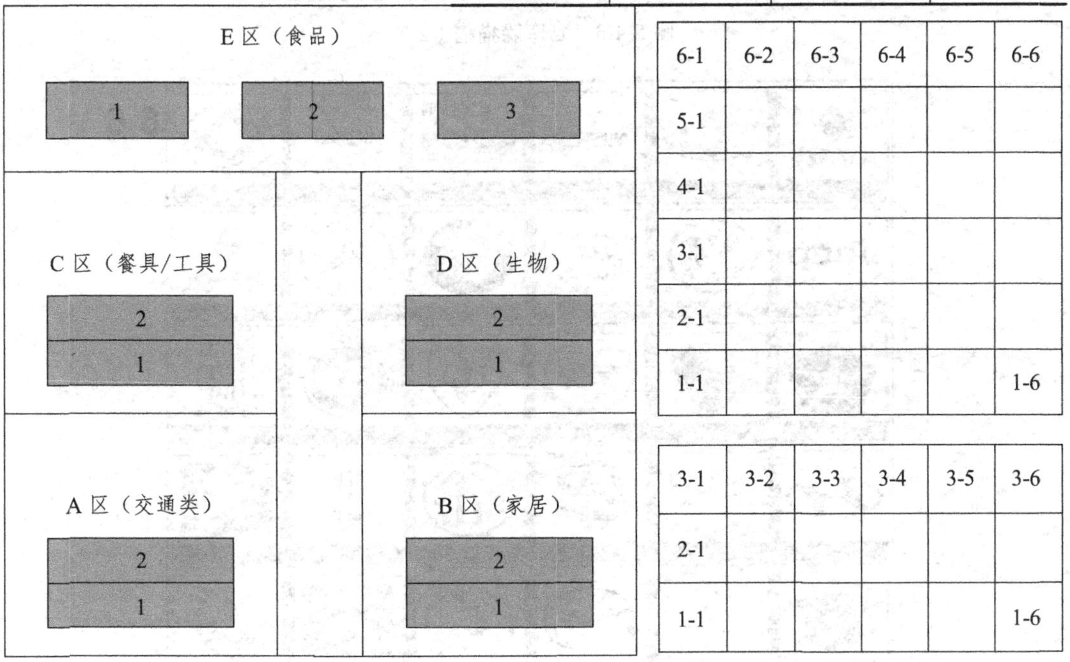

图 5-4-2 仓库躲猫猫（1）

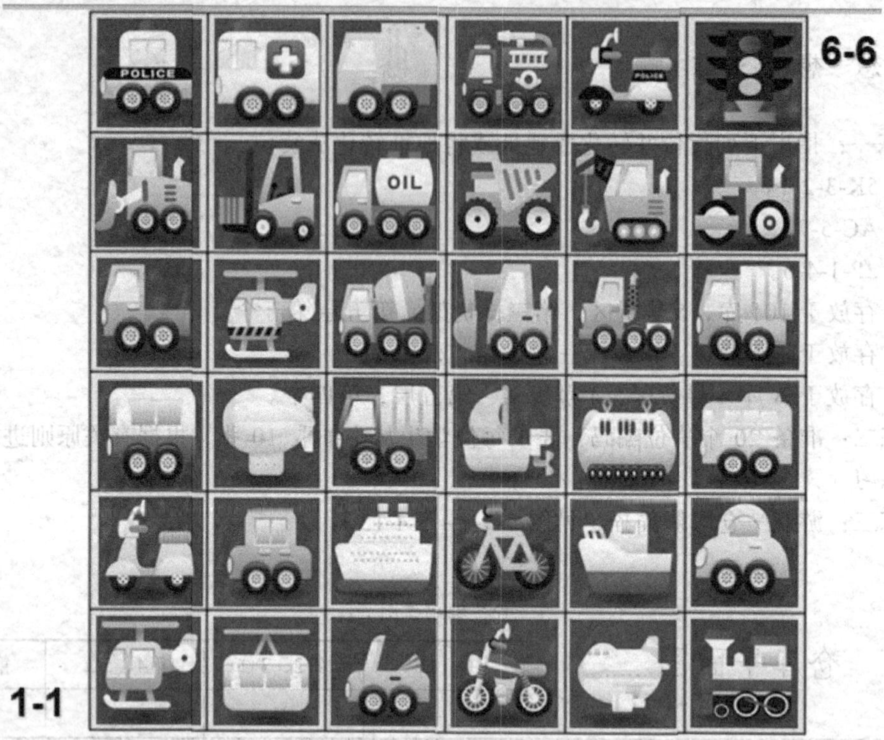

图 5-4-3　仓库躲猫猫（2）

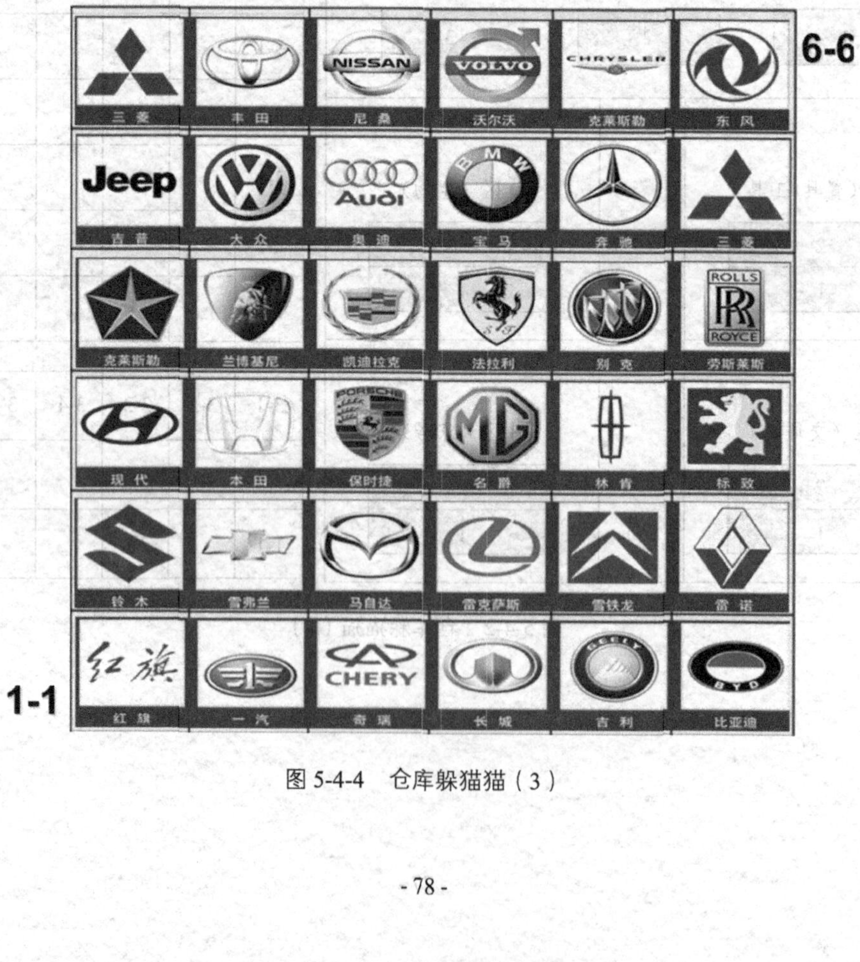

图 5-4-4　仓库躲猫猫（3）

6-6

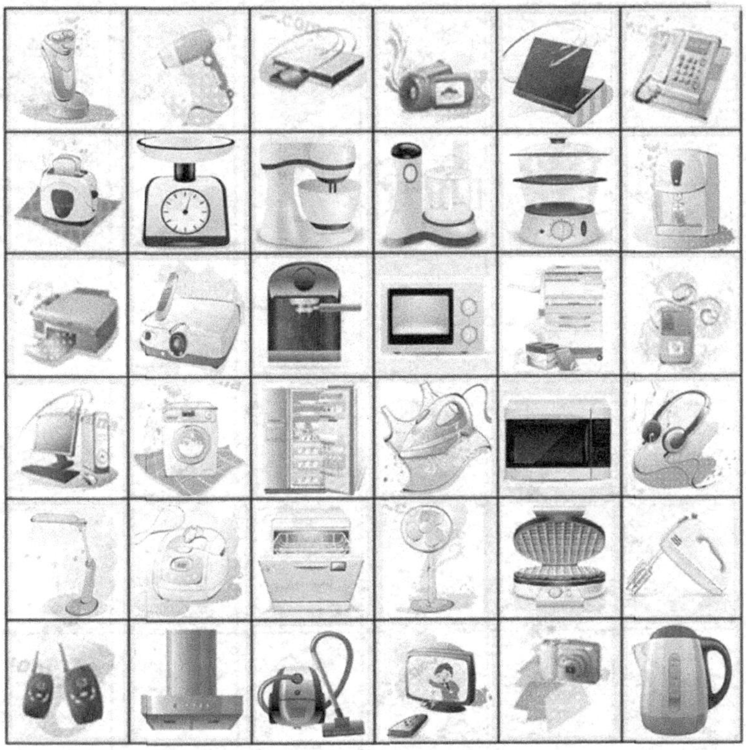

1-1

图 5-4-5　仓库躲猫猫（4）

6-6

1-1

图 5-4-6　仓库躲猫猫（5）

图 5-4-7　仓库躲猫猫（6）

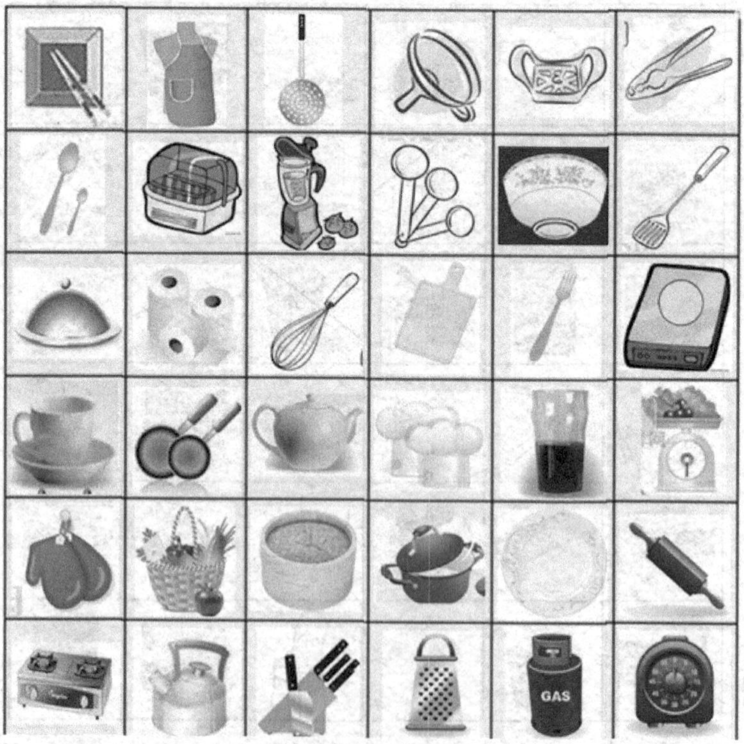

图 5-4-8　仓库躲猫猫（7）

图 5-4-9　仓库躲猫猫（8）

图 5-4-10　仓库躲猫猫（9）

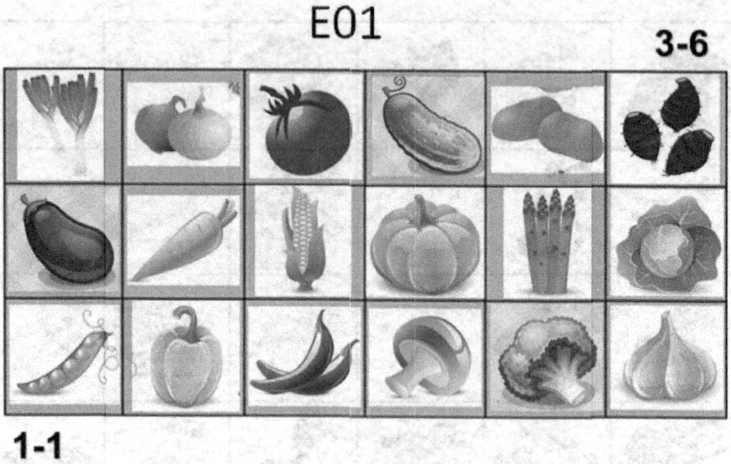

图 5-4-11　仓库躲猫猫（10）

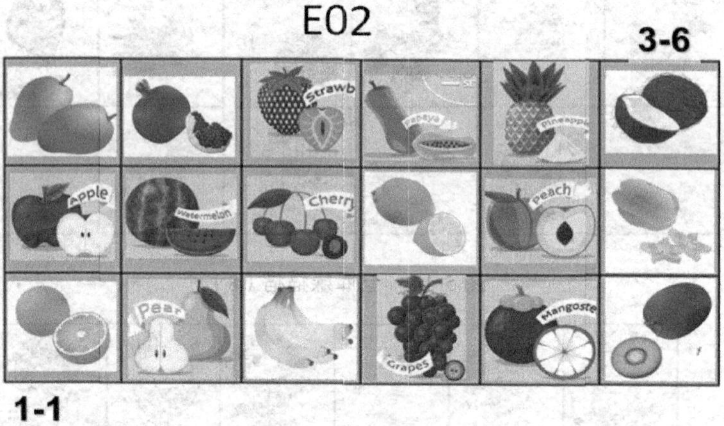

图 5-4-12　仓库躲猫猫（11）

图 5-4-13　仓库躲猫猫（12）

练习一：请找出下列货位中所放的商品（见图 5-4-14）。

D020406	A020404	E030205	C010505	B020406	E010306
B010304	C020403	D010503	E020204	A010502	C020105

图 5-4-14　货位中的商品

练习二：请找出下列商品所在的仓位并说出编码（见图 5-4-15）。

图 5-4-15　商品所在仓位

任务五　货物堆码

学习目标

【知识目标】

（1）掌握常见的堆码方法。

（2）了解各类堆码方法的优缺点。

【能力目标】

（1）会根据货物特征选择适合的堆码方法。

（2）能灵活操作各种堆码方法。

任务准备

根据 2018 年 11 月 10 日某个入库任务，对验收后的合格商品进行堆码并搬运。

任务描述

XD 物流公司信息员于 2018 年 11 月 10 日收到客户 MLJ 食品有限公司发来的入库通知，具体入库货物信息如表 5-5-1 所示。

表 5-5-1　入库通知单

仓库名称：XD 物流公司河西库　　　　时间：2018 年 11 月 10 日

<table>
<tr><td colspan="3">采购订单号</td><td colspan="5">20181110001</td></tr>
<tr><td colspan="2">客户指令号</td><td colspan="2">MLJ888</td><td colspan="2">订单来源</td><td colspan="2">QQ</td></tr>
<tr><td colspan="2">客户名称</td><td colspan="2">MLJ 食品有限公司</td><td colspan="2">质量</td><td colspan="2">合格</td></tr>
<tr><td colspan="2">入库方式</td><td colspan="2">送货</td><td colspan="2">入库时间</td><td colspan="2">2018 年 11 月 10 日 10:00</td></tr>
<tr><td>序号</td><td>货品编号</td><td>名称</td><td>单位</td><td>包装规格（mm）（长×宽×高）</td><td>申请数量</td><td>实收数量</td><td>备注</td></tr>
<tr><td>1</td><td>6903252705171</td><td>康师傅红烧牛肉面</td><td>箱</td><td>260×200×200</td><td>25</td><td></td><td></td></tr>
<tr><td>2</td><td>6901424333948</td><td>可口可乐</td><td>件</td><td>340×250×280</td><td>19</td><td></td><td></td></tr>
<tr><td>3</td><td>8993175537605</td><td>丽芝士雅嘉威化饼</td><td>箱</td><td>300×240×230</td><td>18</td><td></td><td></td></tr>
<tr><td>4</td><td>6902563688999</td><td>奥利奥夹心饼干</td><td>箱</td><td>480×325×200</td><td>8</td><td></td><td></td></tr>
<tr><td>5</td><td>6942404210064</td><td>百事可乐</td><td>件</td><td>490×230×230</td><td>20</td><td></td><td></td></tr>
<tr><td>6</td><td>6921168509256</td><td>农夫山泉矿泉水</td><td>件</td><td>540×440×280</td><td>8</td><td></td><td></td></tr>
<tr><td colspan="3">合计</td><td></td><td></td><td>98</td><td></td><td></td></tr>
</table>

制单人：刘×　　　　送货人：杜×　　　　仓管员：余×

请你以 XD 物流公司仓管员的角色，对验收好的货物进行组托堆码。

任务分析

根据货物包装上的标志（见图 5-5-1），确定货物的堆码层数和方式。

组托原则：

整齐原则：堆码整齐，托盘边缘不超过 20 mm；

堆码原则：托盘利用最大化，2 排 3 列 3 层，货位承重≤500 kg。

牢固原则：奇数层偶数层交叉摆放。

方便原则：每层个数尽量相同，便于盘点。

（1）康师傅红烧牛肉面的规格为 260 mm×200 mm×200 mm，最高放 3 层，每层放 20 箱。现入库 25 箱，共需 1 个托盘。一个托盘放 2 层，第一层放 20 箱，第二层放 5 箱，共 25 箱。（见图 5-5-2）

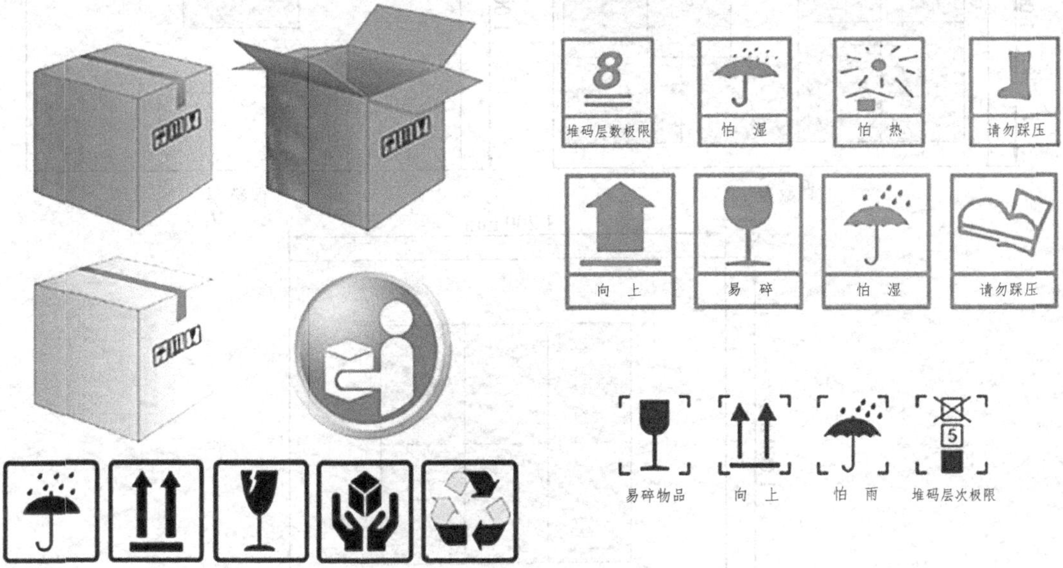

图 5-5-1　货物包装上的标志

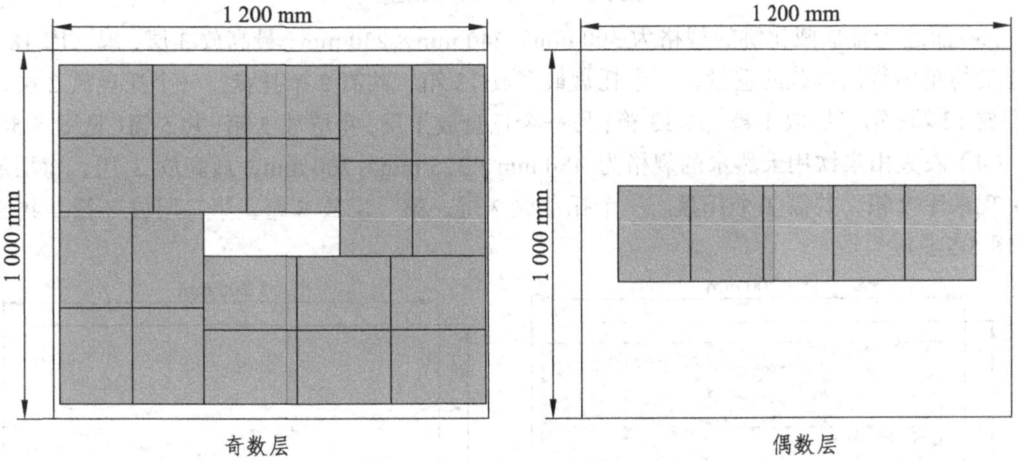

图 5-5-2　康师傅红烧牛肉面的堆放

（2）可口可乐的规格为 340×250×280，最高放 2 层，现入库 19 箱。由于货物超出货位承载的重量，一个托盘最多放 13 箱，共需 2 个托盘。一个托盘放 2 层，第一层放 12 箱，第二层放 1 箱，共 13 箱；另一个托盘放 1 层，每层放 6 箱，共 6 箱（见图 5-5-3）。

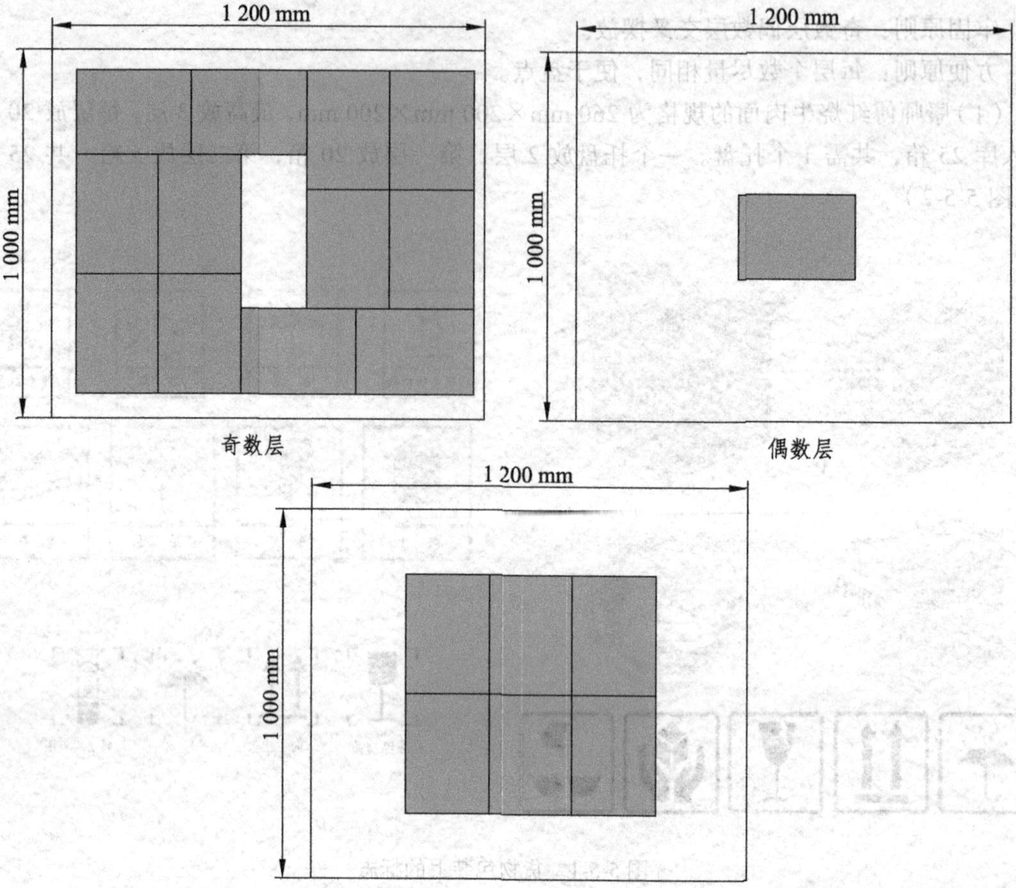

图 5-5-3　可口可乐的堆放

（3）丽芝士雅嘉威化饼的规格为 300 mm×240 mm×230 mm，最高放 3 层，现入库 18 箱。由于货物超出货位承载的重量，一个托盘最多放 13 箱，共需 2 个托盘。一个托盘放 2 层，第一层放 12 箱，第二层放 1 箱，共 13 箱；另一个托盘放 1 层，每层放 5 箱，共 5 箱（见图 5-5-4）。

（4）农夫山泉饮用天然水的规格为 480 mm×325 mm×200 mm，最高放 3 层，每层放 6 箱。现入库 8 箱，共需 1 个托盘。一个托盘放 2 层，第一层放 6 箱，第二层放 2 箱，共 8 箱（见图 5-5-5）。

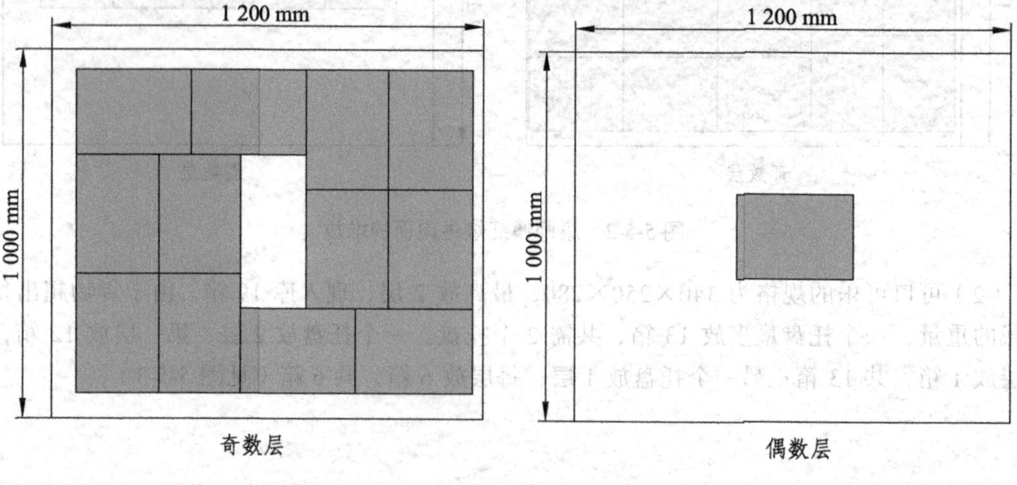

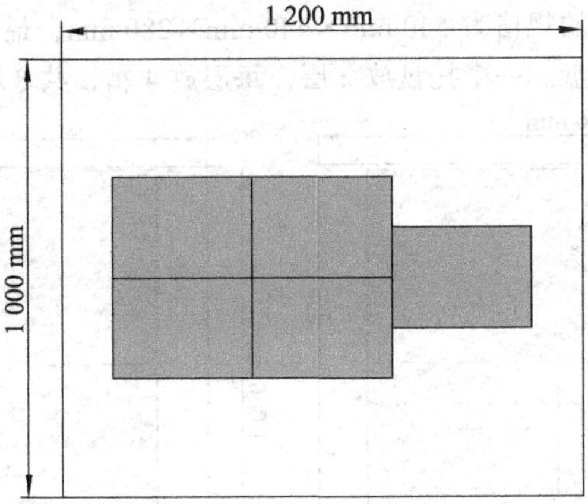

图 5-5-4　丽芝士雅嘉威化饼的堆放

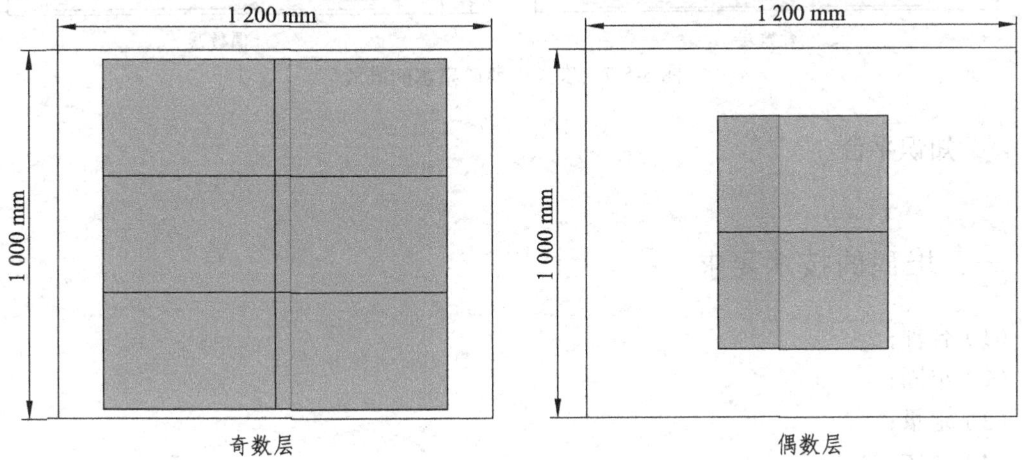

图 5-5-5　农夫山泉饮用天然水的堆放

（5）康师傅牛肉面的规格为 490 mm×230 mm×230 mm，最高放 3 层，每层放 10 箱。现入库 20 箱，共需 1 个托盘。一个托盘放 2 层，每层放 10 箱，共 20 箱（见图 5-5-6）。

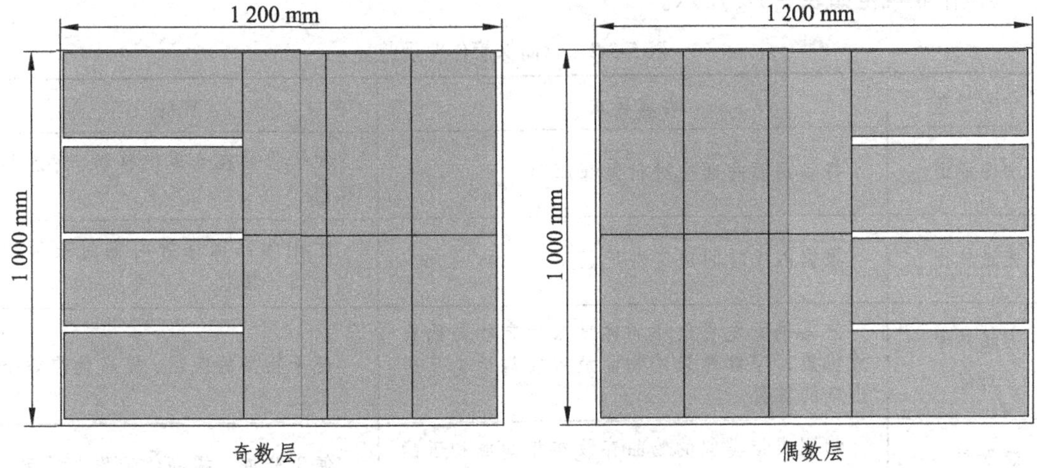

图 5-5-6　康师傅牛肉面的堆放

（6）农夫山泉矿泉水的规格为 540 mm×440 mm×280 mm，最高放 2 层，每层放 4 箱。现入库 8 箱，共需 1 个托盘。一个托盘放 2 层，每层放 4 箱，共 8 箱（见图 5-5-7）。

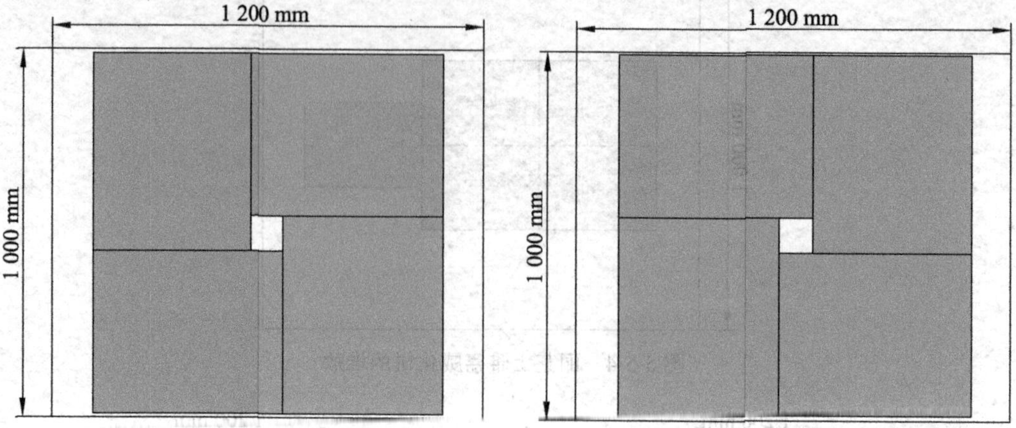

图 5-5-7　农夫山泉矿泉水的堆放

知识平台

一、堆码的技术要求

（1）合理；
（2）牢固；
（3）定量；
（4）整齐；
（5）节约；
（6）方便；
（7）安全。

具体作业规范如表 5-5-2 所示。

表 5-5-2　仓储保管作业规范

作业规范	内容要求	目的
面向通道	将物品面向通道进行保管库存	便于物品在仓库内移动、存放和取出
先进先出	根据入库时间决定发货顺序	防止物品因保管时期过长而发生变质、损耗
周转频率对应	依据进货发货的不同频度来确定物品的存放位置，字数频繁的物品放置在靠近仓库进出口的位置	便于物品的搬运，提高物流效率
同类归一	相同或相类似的物品存放在相同或相近的位置	便于分拣，提高物流作业效率

续表

作业规范	内容要求	目的
重量对应	根据物品的重量确定存入的位置和保管方法，重物下置	便于分拣，提高物流作业效率
形状对应	根据物品的形状确定存放的位置和保管方法，包装标准化的物品放置在货架上保管，非标准化的物品对应其形状进行保管	方便搬运和安全作业
标记明确	对保管物品的品种、数量及保管位置做明确详细的标记	便于提高物品存放、拣出的物流作业效率
分层堆放	选用货架等保管设备对物品进行堆放保管	有利于提高仓库的利用效率，保证作业的安全性
五五堆放	以五或五的倍数在固定区域内堆放，使物品“五五成行、五五成方、五五成包、五五成堆、五五成层”，堆放横竖对齐，上下垂直，过目知数，流动后零头尾数要及时合并	方便对物品进行数量控制、清点盘存

二、货垛的“五距”要求

（1）墙距：外墙距应不少于 0.2 m，内墙距不少于 0.1 m（未开通道）。

（2）柱距：宽度应不少于 0.1 m。

（3）顶距：楼层库的顶层和平顶库要求不少于 0.8 m，楼层库的底层、中层要求不少于 0.5 m，人字形库顶则以货垛顶部不超过横梁为准。

（4）灯距：货垛表面与固定照明灯具之间的距离不得少于 0.5 m。

（5）垛距：适当距离。库房垛距一般不少于 0.3 m，货场垛距一般少于 0.5 m。

三、常用的堆码方法、方式

1. 重叠式（见图 5-5-8）

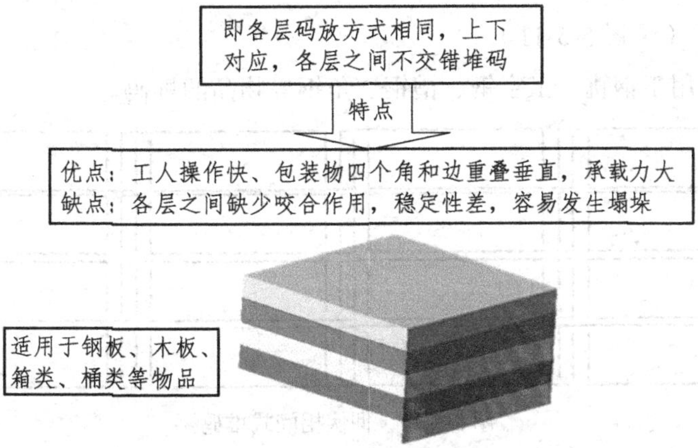

图 5-5-8　重叠式堆码

2. 纵横交错式（见图 5-5-9）

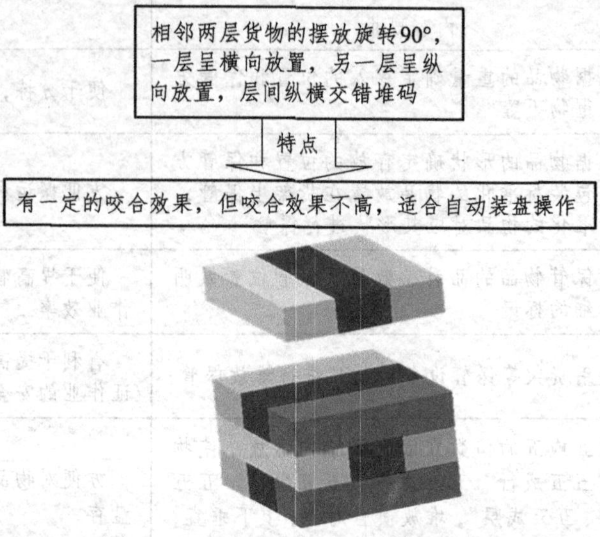

图 5-5-9　纵横交错式堆码

3. 压缝式（见图 5-5-10）

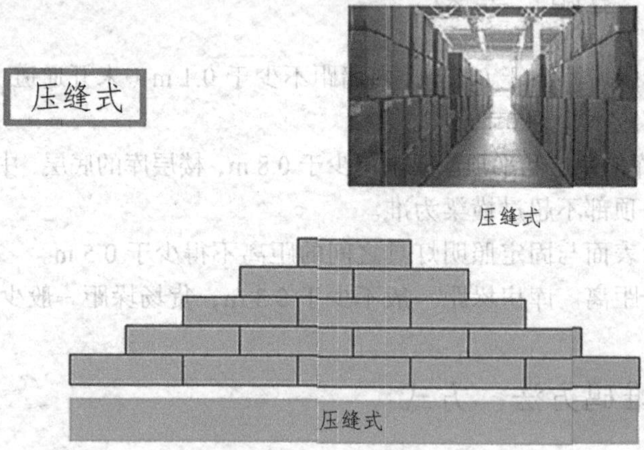

图 5-5-10　压缝式堆码

4. 仰伏相间式（见图 5-5-11）

仰伏相间式适用于钢轨、工字钢、槽钢、角钢等物品的堆码。

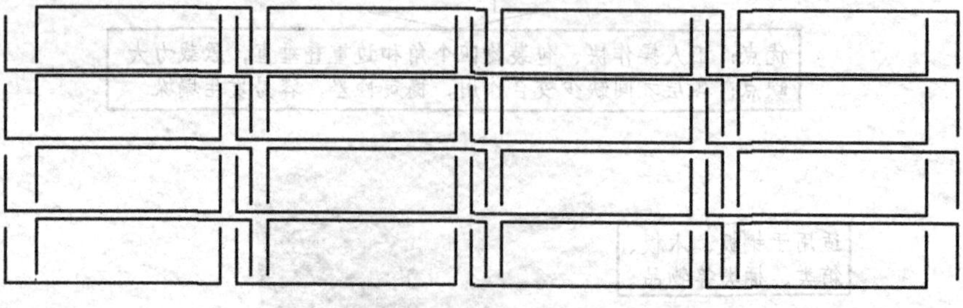

图 5-5-11　仰伏相间式堆码

5. 通风式（见图 5-5-12）

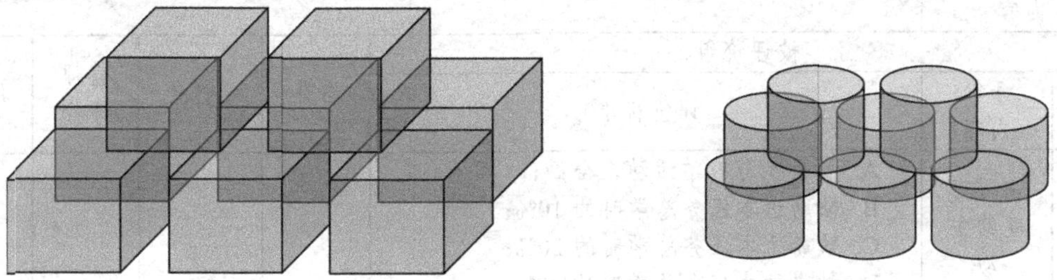

图 5-5-12　通风式堆码

6. 栽柱式（见图 5-5-13）

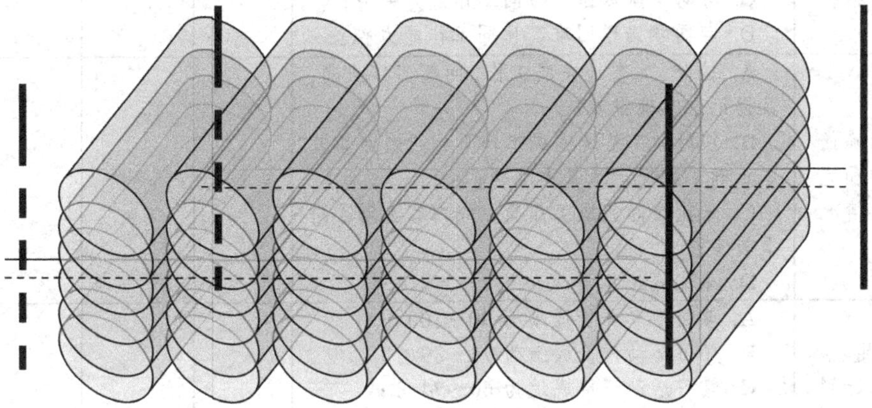

图 5-5-13　栽柱式堆码

任务实施

步骤一：识别常见货物包装标志。
步骤二：根据分析结果准备好托盘。
步骤三：仓管员进行堆码作业，注意安全规范作业。
步骤四：根据货物 ABC 分类结果确定储位，并搬运上架。

想一想 练一练

训练一：根据有关要求对常见的堆码方法进行练习。
训练二：入库堆码工作：
商品名称：灌装雪花啤酒。
数量：55 箱（900g×12 罐/箱）。
外包装尺寸：402 mm×301 mm×150 mm。
净重/毛重：10.8 kg/13.6 kg。
设计地面堆放和托盘堆放两种堆放方案，并进行操作训练。
项目过程考核小组互评如表 5-5-3 所示。

表 5-5-3　项目过程考核小组互评表

内容						
被评价组						
项目	评价内容	评价标准	自评	组评价	教师评价	综合
职业素养	学习态度的主动	A. 积极参与教学活动，全勤； B. 缺勤达本任务总学时的 10%； C. 缺勤达本任务总学时的 20%； D. 缺勤达本任务总学时的 30%				
	团队合作精神	A. 与同学协作融洽、团队合作意识强； B. 与同学能沟通、协同工作能力较强； C. 与同学能沟通、协同工作能力一般； D. 与同学沟通困难、协同工作能力较差				
专业能力	明确任务和完成情况	A. 按时、完整地完成工作，问题回答正确，数据记录准确完整； B. 按时、完整地完成工作页，问题回答基本正确，数据记录基本准确； C. 未能按时完成工作页，或内容遗漏、错误较多； D. 未完成工作页				
	指定、展示计划	A. 学习活动评价成绩为 90～100 分； B. 学习活动评价成绩为 75～89 分； C. 学习活动评价成绩为 60～74 分； D. 学习活动评价成绩为 0～59 分				
	实施与过程检验	A. 学习活动评价成绩为 90～100 分； B. 学习活动评价成绩为 75～89 分； C. 学习活动评价成绩为 60～74 分； D. 学习活动评价成绩为 0～59 分				
教师签字			学生签字			

任务六　搬运上架

学习目标

【知识目标】

（1）了解上架流程。

（2）了解上架作业规范。

【能力目标】

（1）能安全规范地使用手动液压叉车。

（2）会使用堆高车。

任务准备

根据入库通知信息，完成货物上架任务。

任务描述

XD 物流公司信息员于 2018 年 11 月 10 日收到客户 MLJ 食品有限公司发来的入库通知，具体入库货物信息如表 5-6-1 所示。

表 5-6-1 入库通知单

仓库名称：XD 物流公司河西库　　　　时间：2018 年 11 月 10 日

采购订单号				20181110001			
客户指令号		MLJ888		订单来源		QQ	
客户名称		MLJ 食品有限公司		质量		合格	
入库方式		送货		入库时间		2018 年 11 月 10 日 10:00	
序号	货品编号	名称	单位	包装规格（mm）（长×宽×高）	申请数量	实收数量	备注
1	6903252705171	康师傅红烧牛肉面	箱	260×200×200	25		
2	6901424333948	可口可乐	件	340×250×280	19		
3	8993175537605	丽芝士雅嘉威化饼	箱	300×240×230	18		
4	6902563688999	奥利奥夹心饼干	箱	480×325×200	8		
5	6942404210064	百事可乐	件	490×230×230	20		
6	6921168509256	农夫山泉矿泉水	件	540×440×280	8		
合计					98		

制单人：刘×　　　　送货人：杜×　　　　仓管员：余×

请你以 XD 物流公司的搬运叉车司机的角色，完成该批货物的搬运上架任务。

任务分析

根据任务三中储位分配情况，制订上架计划，遵循 ABC 分类原则、方便存取原则。

知识平台

使用液压叉车上架注意事项如表 5-6-2 所示。

表 5-6-2　使用液压叉车上架注意事项

序号	注意事项
1	叉载货物时，应按需调整两货叉间距，使两货叉负荷均衡，不得偏斜，货物的一面应贴靠挡货架，叉载的重量应符合载荷中心曲线标志牌的规定
2	载物高度不得遮挡驾驶员的视线
3	在货物的装卸过程中，必须用制动器制动叉车
4	货叉接近或撤离货物时，车速应缓慢平稳，注意车轮不要碾压货物、木垫等，以免使被碾压物飞起伤人
5	用货叉叉取货物时，货叉应尽可能深地叉入载荷下面，还要注意货叉尖不能碰到其他货物或物件。应采用最小的门架后倾来稳定荷载，以免荷载向后滑动。放下荷载时，可使门架小量前倾，以便于安放载荷和抽出货叉
6	禁止高速叉取货物和用叉头与坚硬物体碰撞
7	叉车作业时，禁止人员站在货叉上
8	叉车叉取货物时，禁止人员站在货叉周围，以免货物倒塌伤人
9	禁止用货叉举升人员从事高处作业，以免发生高处坠落事故
10	不准在码头岸边直接叉装船上货物

任务实施

任务实施详见图 5-6-1。

图 5-6-1　任务实施

项目过程考核小组互评表如表 5-6-3 所示。

表 5-6-3　项目过程考核小组互评表

内容						
被评价组			自评	组评价	教师评价	综合
项目	评价内容	评价标准				
职业素养	学习态度的主动	A. 积极参与教学活动，全勤； B. 缺勤达本任务总学时的 10%； C. 缺勤达本任务总学时的 20%； D. 缺勤达本任务总学时的 30%				
	团队合作精神	A. 与同学协作融洽、团队合作意识强； B. 与同学能沟通、协同工作能力较强； C. 与同学能沟通、协同工作能力一般； D. 与同学沟通困难、协同工作能力较差				
专业能力	明确任务和完成情况	A. 按时、完整地完成工作，问题回答正确，数据记录准确完整； B. 按时、完整地完成工作页，问题回答基本正确，数据记录基本准确； C. 未能按时完成工作页，或内容遗漏、错误较多； D. 未完成工作页				
	指定、展示计划	A. 学习活动评价成绩为 90～100 分； B. 学习活动评价成绩为 75～89 分； C. 学习活动评价成绩为 60～74 分； D. 学习活动评价成绩为 0～59 分				
	实施与过程检验	A. 学习活动评价成绩为 90～100 分； B. 学习活动评价成绩为 75～89 分； C. 学习活动评价成绩为 60～74 分； D. 学习活动评价成绩为 0～59 分				
教师签字			学生签字			

想一想　练一练

训练一：叉车搬运托盘练习。

训练二：堆高机上下架练习。

任务七　入库相关单证

学习目标

【知识目标】

（1）了解入库相关单证的填写方法。

（2）了解入库相关单证的流转。

【能力目标】

（1）能够填写相关入库单证。

（2）进行单证的规范管理。

任务准备

根据入库通知信息，完成相关单证的填写。

任务描述

XD 物流公司信息员于 2018 年 11 月 10 日收到客户 MLJ 食品有限公司发来的入库通知，具体入库货物信息如表 5-7-1 所示。

表 5-7-1　入库通知单

仓库名称：XD 物流公司河西库　　　　时间：2018 年 11 月 10 日

采购订单号			20181110001				
客户指令号		MLJ888		订单来源		QQ	
客户名称		MLJ 食品有限公司		质量		合格	
入库方式		送货		入库时间		2018 年 11 月 10 日 10:00	
序号	货品编号	名称	单位	包装规格（mm）（长×宽×高）	申请数量	实收数量	备注
1	6903252705171	康师傅红烧牛肉面	箱	260×200×200	25		
2	6901424333948	可口可乐	件	340×250×280	19		
3	8993175537605	丽芝士雅嘉威化饼	箱	300×240×230	18		
4	6902563688999	奥利奥夹心饼干	箱	480×325×200	8		
5	6942404210064	百事可乐	件	490×230×230	20		
6	6921168509256	农夫山泉矿泉水	件	540×440×280	8		
合计					98		

制单人：刘×　　　　送货人：杜×　　　　仓管员：余×

请你以 XD 物流公司仓储部的身份，做好相关单证的填写。

任务实施

具体单证如表 5-7-2 ~ 5-7-4 所示。

表 5-7-2　入库单

送货单位：　　　　　　　　　　　　库别：　　　　　　　　　　　　年　　月　　日

物品编号	品名	规格	单位	应收数量	实收数量	备注

入库人：　　　　　　　　　　复核人：　　　　　　　　　　库管员：

注：一式三联。一联仓库存根，一联交财务核算部，一联交入库记账。

表 5-7-3　货位卡

品　　名：　　　　　　　　　　　　　　　　计量单位：

规格型号：　　　　　　　　　　　　　　　　货 位 号：

年		摘要	收入数量	发出数量	结存数量	经手人签章
月	日					

表 5-7-4　实物账

存放地：　　　　　规格：　　　　　单位：　　　　　编号：　　　　　品名：

年		凭证	摘要	单价	增（收）加	减（付）少	结存	结存金额
月	日	字号						

项目过程考核小组互评如表 5-7-5 所示。

表 5-7-5　项目过程考核小组互评表

<table>
<tr><td colspan="2">内容</td><td colspan="5"></td></tr>
<tr><td colspan="3">被评价组</td><td rowspan="2">自评</td><td rowspan="2">组评价</td><td rowspan="2">教师评价</td><td rowspan="2">综合</td></tr>
<tr><td>项目</td><td>评价内容</td><td>评价标准</td></tr>
<tr><td rowspan="2">职业素养</td><td>学习态度的主动</td><td>A. 积极参与教学活动，全勤；
B. 缺勤达本任务总学时的 10%；
C. 缺勤达本任务总学时的 20%；
D. 缺勤达本任务总学时的 30%</td><td></td><td></td><td></td><td></td></tr>
<tr><td>团队合作精神</td><td>A. 与同学协作融洽、团队合作意识强；
B. 与同学能沟通、协同工作能力较强；
C. 与同学能沟通、协同工作能力一般；
D. 与同学沟通困难、协同工作能力较差</td><td></td><td></td><td></td><td></td></tr>
<tr><td>专业能力</td><td>明确任务和完成情况</td><td>A. 按时、完整地完成工作，问题回答正确，数据记录准确完整；
B. 按时、完整地完成工作页，问题回答基本正确，数据记录基本准确；
C. 未能按时完成工作页，或内容遗漏、错误较多；
D. 未完成工作页</td><td></td><td></td><td></td><td></td></tr>
<tr><td rowspan="2">专业能力</td><td>指定、展示计划</td><td>A. 学习活动评价成绩为 90～100 分；
B. 学习活动评价成绩为 75～89 分；
C. 学习活动评价成绩为 60～74 分；
D. 学习活动评价成绩为 0～59 分</td><td></td><td></td><td></td><td></td></tr>
<tr><td>实施与过程检验</td><td>A. 学习活动评价成绩为 90～100 分；
B. 学习活动评价成绩为 75～89 分；
C. 学习活动评价成绩为 60～74 分；
D. 学习活动评价成绩为 0～59 分</td><td></td><td></td><td></td><td></td></tr>
<tr><td colspan="2">教师签字</td><td></td><td>学生签字</td><td colspan="3"></td></tr>
</table>

想一想 练一练

以某种货物一周的出入库记录填写实务账卡。

知识拓展

任务锦囊一　入库单填写要求

（1）物品入库必须在到货后 24 小时内及时填写此单。本单一式三联，第一联为开票员

“存根”，第二联为财务记账联，第三联为仓库“入库记账”。

（2）填写时，供货单位、入库时间、名称、批次、规格、计量单位、数量等必须清楚完整地填写。

（3）经办人和库管员签名方为有效。

（4）供货单位，填写物品的发放单位。

（5）根据验货单如实填写入库单的检查情况和质检情况。

（6）产品货号。入库单必须登记，同一品种的同一批到货中有几个生产批号的，不必分批号登记数量，但批号必须全部登记。

（7）数量，填写仓库保管员验收入库后的实际数量。

任务锦囊二　入库单流转程序

（1）原材料购回后，采购人员必须提供经仓库和采购人员共同确认过的拟采购清单和销售方提供的销售发票（或有效收据），发票（或收据）上必须注明原材料名称、具体型号、数量、单价、金额、购买日期和采购人员的签字等基本信息，不同性质的原材料不可以混用一张单据。仓库管理人员凭采购清单、填写清楚完整的销售发票或收据核对购入的原材料，经确认准确后方可入库。如果出现票据中内容不全、字迹不清、没有经手人签字或者物料和票据明显不符的情况，仓库管理人员有权拒绝该批物料入库，并协同采购人员和使用部门一起查明情况后方可入库。

（2）所有经确认的已购入的原材料，必须由当值仓库管理人员签字确认后开具正规的《原材料入库单》。入库单一式三份，仓库自留一份，并交采购人员和财务部各一份。入库单上的填写内容必须和销售发票（或收据）上的内容一致，并由仓库负责人签字确认后整理归档。

模块六

在库管理

任务一　移库作业

学习目标

【知识目标】

（1）了解移库的定义和作用。

（2）熟悉移库作业流程。

【能力目标】

能利用仓储信息系统进行移库作业。

任务准备

（1）移库单的制作。

（2）移库任务实施。

任务描述

XD 物流公司信息根据货物出入库频率做出储位安排调整，仓管员已收到移库通知单（见表 6-1-1）。

表 6-1-1　移库通知单

单号：YK001　　　　移库日期：2018 年 11 月 19 日

货物名称	条形码	源库位	数量	单位	目标库位	备注
可口可乐	6901424333948	仓库 1 区 B00100	20	箱	仓库 1 区 B00000	
合计			30			
制单人：刘×			操作人：谢×			

请你以 XD 物流公司信息员、仓管员、操作员的身份，完成本次移库作业。

任务分析

根据移库通知单，进行任务分析，制订移库计划，制作移库单（见表 6-1-2）。

表 6-1-2 移库单

编号：　　　　YK002

<table>
<tr><td>下达日期</td><td colspan="3">2018 年 11 月 18 日</td><td colspan="2">执行日期</td><td colspan="2">2018 年 11 月 19 日</td></tr>
<tr><td colspan="8">调　用　资　源</td></tr>
<tr><td>资源名称</td><td colspan="2">负责人</td><td colspan="5">数量</td></tr>
<tr><td>叉车</td><td colspan="2">谢×</td><td colspan="5">1 台</td></tr>
<tr><td>操作工</td><td colspan="2">谢×</td><td colspan="5">1 名</td></tr>
<tr><td colspan="8">货　品　信　息</td></tr>
<tr><td>品名</td><td>单位</td><td>源位置</td><td>目标位置</td><td>应拣数量</td><td>实拣数量</td><td>实存数量</td><td>备注</td></tr>
<tr><td>可口可乐</td><td>箱</td><td>仓库 1 区
B00100</td><td>仓库 1 区
B00000</td><td>20</td><td>20</td><td>100</td><td></td></tr>
<tr><td></td><td></td><td></td><td></td><td></td><td></td><td></td><td></td></tr>
<tr><td></td><td></td><td></td><td></td><td></td><td></td><td></td><td></td></tr>
<tr><td>制单人：</td><td colspan="3">谢×</td><td>移库作业人：</td><td colspan="3">张×</td></tr>
</table>

根据移库单完成作业。

知识平台

在仓库所有作业流程中，移库是较为常见的。移库操作是指未发生物权转移及产品属性变更的移库操作，仅包含普通的移库操作。

一、产生移库的原因

（1）商品种类细分，造成的储位移动，如酒品类又下设啤酒、红酒、洋酒等。

（2）流程作业间的储位转变及暂存的需求，如半成品仓转移到加工仓。

（3）日常仓整作业的需求，即库内的“碎片整理”工作。

（4）仓库储位安排变更，如仓库减能需求，临时整合多个分仓为一个主仓。

移库的核心：保证仓储正常运营不受影响，出入库作业正常畅通。

二、移库的类型

货物的移库类型如图 6-1-1 所示。

同一仓库内移库适用于仓储移库员在同一实物仓库内进行货物储位、库存形态间移动的处理过程（见图 6-1-2）。以下是针对这种移库操作的说明：

（1）库存商品在仓库库位间的任何移动均需进行移库作业。

（2）要求单位填写移库单交由仓储主管核准后，方可执行移库操作。

（3）仓储移库员根据仓储主管核准的移库单进行实物及系统的移库操作。

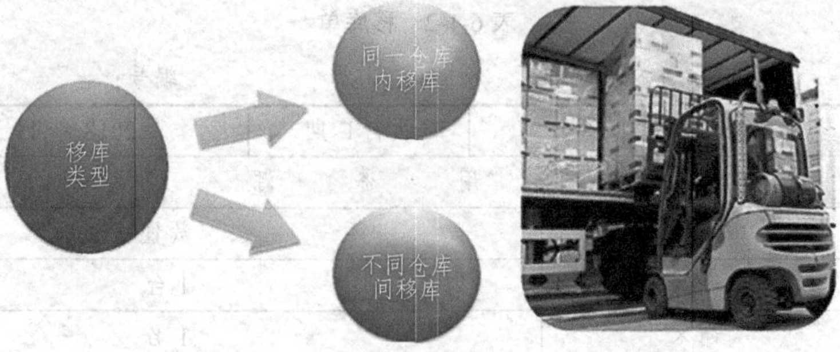

图 6-1-1　移库类型

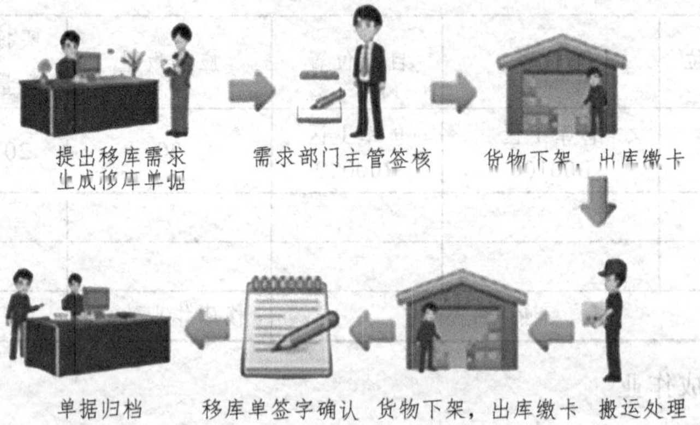

图 6-1-2　仓库内移库示意图

不同仓库间移库（见图 6-1-3）隶属于同一公司的不同仓库间移库操作，主要分为两个步骤，即移出库和移入库。

图 6-1-3　仓库间移库示意图

三、移库流程

移库、移仓（库位）流程如图 6-1-4 所示。

四、移库细节

由于货架式仓库的进出，往往伴随着大量独立储位、机具的使用以及储位移动时间较长的问题，因此现场作业需要注意以下几个细节。

（1）货架库位较多，故移库计划生成后，需要用到 WMS 系统，在现场再次确认库位及托盘信息，以减少计划与执行间的差错率。

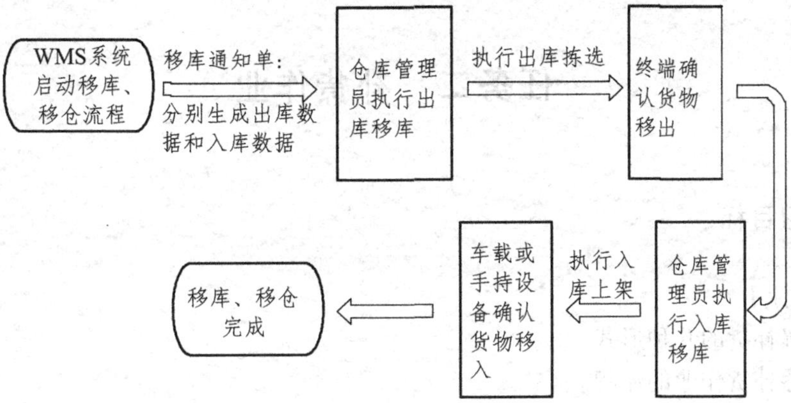

图 6-1-4　移库、流程

（2）库位移动的任务生成与实物移动中间的间隔期较长，同时操作的地点往往不同或由多人操作。故库位移动计划在现场作业中往往要扫描两次，既用 PDA 扫描库位取出货品，移入新库位后又扫描一次库位标签。

（3）移库后复核：由于一个品项的库位移动任务步骤分解后，往往伴随多条操作，在人工拣选方面，复核变得格外重要。而这方面的复核功能，往往需要使用 WMS 系统，即大家熟悉的移库功能。在工作时间允许的情况下，尽量根据库位移动计划逐条排查。

任务实施

任务实施如图 6-1-5 所示。

图 6-1-5　任务实施

想一想 练一练

请介绍移库的流程。

任务二　补货作业

学习目标

【知识目标】

（1）了解补货的几种形式。

（2）熟悉补货作业的流程。

【能力目标】

利用仓储系统完成补货作业。

任务准备

根据 2018 年 11 月 10 日某个入库任务，分别以信息员、仓管员、仓储主管的身份完成本次入库的准备工作，按角色完成各自岗位的工作任务。

信息员：接收入库任务，并制作入库单，完成单证流转。

仓管员：做好入库储位安排、验收准备、设备准备。

仓储主管：制订入库计划，做好人员安排与协调。

任务描述

XD 物流公司信息员于 2018 年 11 月 10 日收到客户 MLJ 食品有限公司发来的入库通知。请你以 XD 物流公司仓储主管、信息员、仓管员的角色，做好该批货物的入库准备工作。

任务分析

项目分析如图 6-2-1 所示。

知识平台

补货作业是为了保证分拣作业的需要，从货物保管区将货物移到另一个作为订单拣取用的动管拣货区的作业过程，即将待配商品放在存取方便的位置的过程。

一、补货的方式

补货的目的是拣货，为拣货提供货源，拣货作业的效率与补货作业密切相关，所以补货是为支持拣货。补货主要有以下四种方式：

第一种方式：由货架保管区补货至流动货架的拣货区。

补货作业：拣货员至拣货区取出货物，以手推车或电动堆高机载至拣货区，由流动货架的后方（非拣取面）补货。

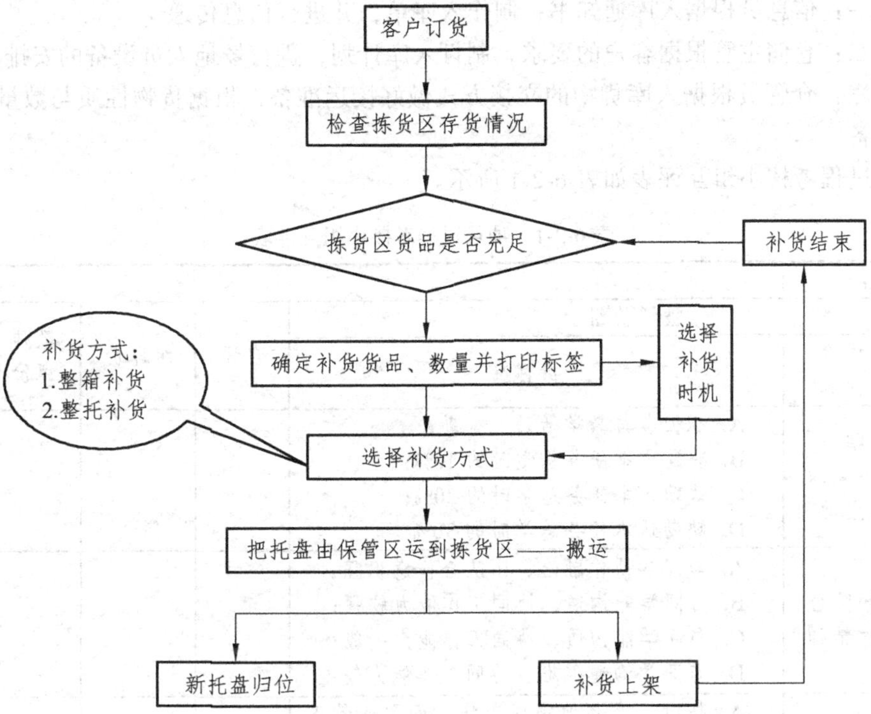

图 6-2-1　项目分析

适宜的货品：体积小且少量多样出货的货品。

第二种方式：由地板堆叠保管区补货至地板堆叠拣货区。

补货作业：作业员用堆高机将货品由托盘平置堆的保管区搬运托盘至同样是托盘平置堆叠的拣货区。

适宜的货品：体积大或出货量多的货品。

第三种方式：由地板堆叠保管区补货至货架拣货区。

补货作业：作业员使用堆高机从保管区搬回托盘货物，送至动管区托盘货架上储存。

适宜的货品：体积中等或中量出货的货品。

第四种方式：货架上层向货架下层的补货。

补货作业：上层保管区的货品搬至下层拣货区补货。

适宜的货品：体积不大，每品项存货量不高，且出货多属中小量的货品。

二、补货的时机

因为补货主要是为拣货做准备，因此补货作业的发生与否主要看动管拣货区货物的存量是否符合需要，究竟何时补货要看动管拣货区的存量；以避免在拣货中途才发现动管区货量不足需要补货，而影响整个拣货作业。通常，可采用批次补货、定时补货或随机补货三种方式。

任务实施

步骤一：信息员根据入库通知书，制作入库单，并进行信息传递。

步骤二：仓储主管根据客户的要求，制订入库计划，进行场地人员设备的安排。

步骤三：仓管员根据入库货物的交接方式做好接运准备，根据货物性质与数量并做好验收入库准备。

项目过程考核小组互评表如表 6-2-1 所示。

表 6-2-1　项目过程考核小组互评表

内容						
		被评价组				
项目	评价内容	评价标准	自评	组评价	教师评价	综合
职业素养	学习态度的主动	A. 积极参与教学活动，全勤； B. 缺勤达本任务总学时的 10%； C. 缺勤达本任务总学时的 20%； D. 缺勤达本任务总学时的 30%				
	团队合作精神	A. 与同学协作融洽、团队合作意识强； B. 与同学能沟通、协同工作能力较强； C. 与同学能沟通、协同工作能力一般； D. 与同学沟通困难、协同工作能力较差				
专业能力	明确任务和完成情况	A. 按时、完整地完成工作，问题回答正确，数据记录准确完整； B. 按时、完整地完成工作页，问题回答基本正确，数据记录基本准确； C. 未能按时完成工作页，或内容遗漏、错误较多； D 未完成工作页				
	指定、展示计划	A. 学习活动评价成绩为 90～100 分； B. 学习活动评价成绩为 75～89 分； C. 学习活动评价成绩为 60～74 分； D. 学习活动评价成绩为 0～59 分				
	实施与过程检验	A. 学习活动评价成绩为 90～100 分； B. 学习活动评价成绩为 75～89 分； C. 学习活动评价成绩为 60～74 分； D. 学习活动评价成绩为 0～59 分				
教师签字			学生签字			

想一想 练一练

（1）请做出入库的流程图。

（2）提货的准备工作有哪些？

任务三　盘点作业

盘点是指定期或临时对库存商品的实际数量进行清查、清点的作业，即为了掌握货物的流动情况（入库、在库、出库的流动状况），将仓库现有物品的实际数量与保管账上记录的数量相核对，以便准确地掌握库存数量。

学习目标

【知识目标】
（1）了解盘点作业的目的。
（2）熟悉盘点的种类和方法。
【能力目标】
独立完成盘点作业。

任务准备

XD 物流公司运营良好，仓储主管组织大家实施一次月末盘点。

任务描述

XD 物流公司于 2018 年 12 月 31 日组织员工进行常规盘点，仓管员张×接收到的任务是对电子货架区的货物进行盘点，完成盘点单，并进行差异处理。

任务分析

一、账实不符的原因

在实际工作中，商品账实不符的原因主要包括以下几个方面：

（1）在商品收发过程中，由于手续不齐或计算、登记上发生错误或漏记，或收发凭证遗失造成的账实不符。

（2）由于计量、检验方面的问题造成的数量或质量上的差错，如整进零发所发生的磅差。

（3）由于供方装箱装桶时，每箱每桶数量有多有少，而在验收时无法进行每箱每桶核对造成的短缺或盈余。

（4）由于用作新产品开发或样品而又未正常履行商品出入库手续，造成数量短缺。

（5）由于贪污、盗窃、徇私舞弊等造成的商品损失。

（6）因气候影响发生腐蚀、硬化、结块、变色、锈烂、生霉、变形及受虫鼠的啃食等，致使商品数量减少或无法再使用。

（7）由于自然灾害造成的非常损失和非常事故发生的毁损。
（8）由于保管不善或工作人员失职造成商品的损坏、霉烂、变质或短缺等。
（9）物料在储运过程中发生自然变化或损耗。

二、商品盘点的目的

（1）确定现存量。
（2）确认企业损益。
（3）核实商品管理成效。

三、盘点的作用

（1）确保商品的真实性。
（2）确保各种商品的保管安全，减少商品毁损的发生，提高商品使用效率。
（3）了解有关商品的各项制度的执行情况。

四、商品盘点的程序

1. 盘点前的准备工作

（1）确定盘点的程序和具体方法；
（2）配合会计人员做好盘点准备；
（3）设计、印制盘点用的各种表格；
（4）准备盘点使用的基本器具。

2. 确定盘点时间

盘点的时间选择在月末或财务决算前，应根据实际情况确定盘点时间。存货周转率比较低的企业，可以半年或一年进行一次货物的盘点。存货周转量大的企业，库存品种比较多的企业可以根据商品的性质、价值大小、流动速度、重要程度分别确定不同的盘点时间。

3. 确定盘点方法

不同的储存场所对盘点的要求不尽相同，盘点方法也会有所差异，为尽可能快速、准确地完成盘点作业，必须根据实际需要确定盘点方法。

4. 培训盘点人员

盘点的结果如何取决于作业人员的认真程度和程序的合理性。为保证盘点作业顺利进行，必须对参与盘点的所有人员进行集中培训。

5. 盘点作业

盘点工作开始时，首先要对储存场所及库存商品进行一次清理。清理工作主要包括以下内容：
（1）对尚未办理入库手续的商品，应予以标明，不在盘点之列；

（2）对已办理出库手续的商品，要提前通知有关部门，运到相应的配送区域；
（3）账卡、单据、资料均应整理后统一结清；
（4）整理商品堆垛、货架等，使其整齐有序，以便于清点计数；
（5）检查计量器具，使其误差符合规定要求；
（6）确定在途运输商品是否属于盘点范围。

6. 初盘、复盘

初盘是指在正式盘点之前，仓管人员应先进行盘点并填写盘点表，以便于正式盘点工作的顺利进行。

知识平台

一、盘点方式

依照进行的目的及方式不同，盘点可分为以下几种：

（1）定期盘点：即仓库的全面盘点，是指在一定时间内，一般是每季度、每半年或年终财务结算前进行一次全面的盘点。由货主派人会同仓库保管员、商品会计一起进行盘点对账。

（2）临时盘点：即当仓库发生货物损失事故，或保管员更换，或仓库与货主认为有必要盘点对账时，组织一次局部性或全面的盘点。

（3）抽样盘点：由审查单位或其他管理单位所发起的突击性质的盘点，目的是对仓储管理单位是否落实管理工作进行审核。抽样盘点可针对仓库、料件属性、仓库管理员等不同方向进行。

（4）循环盘点：采用信息化管理的企业，为了确保料账一致，将料件依照重要性区分成不同等级后赋予不同循环盘点码，再运用信息工具进行周期性的循环盘点（见表 6-3-1）。

表 6-3-1　期末盘点与循环盘点的差异比较

盘点方式比较	期末盘点	循环盘点
时间	期末、每年仅数次	日常、每天或每周一次
所需时间	长	短
所需人员	全体动员（或临时雇用）	专门人员
盘点差错情况	多且发现很晚	少且发现很早
对营运的影响	须停止作业数天	无
对商品的管理	平等	A 类重要商品：仔细管理 C 类不重要商品：稍微管理
盘点差错原因追究	不易	容易

二、盘点内容

盘点内容如图 6-3-1 所示。

（1）货物数量通过点数计数，查明商品在库的实际数量，核对库存账面资料与实际库存数量是否一致。

（2）货物质量检查在库商品质量有无变化，有无超过有效期和保质期，有无长期积压等现象，必要时还必须对商品进行技术检验。

（3）保管条件检查，即检查保管条件是否与各种商品的保管要求相符合。如堆码是否合理稳固，库内温度是否符合要求，各类计量器具是否准确等。

（4）通过盘点可了解储存设备的状态，是否需要维护。

（5）库存安全状况检查，即检查各种安全措施和消防、器材是否符合安全要求，建筑物和设备是否处于安全状态。

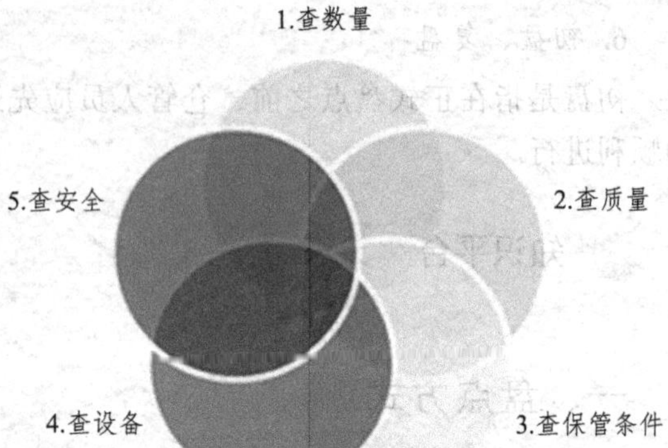

图 6-3-1

任务实施

步骤一：将全体工作人员分组。

步骤二：由小组中一人先清点所负责区域的商品，将清点结果填入各商品的盘存单（见表 6-3-2）。

步骤三：由第二人复点，填入盘存单的下半部。

步骤四：由第三人核对，检查前两人的记录是否相同且正确。

步骤五：将盘存单交给会计部门，合计商品库存总量。

步骤六：等所有盘点结束后，再与计算机或账册商品进行对照。

步骤七：进行差异处理。

表 6-3-2　仓库盘存单

单号：

仓库编号：							制单日期：			
货品信息										
库区	储位	货品编号	货品名称	规格	单位	系统库存情况	实际数量	盘亏数量	损坏数量	备注

制单人：　　　　　　　　盘点人：　　　　　　　　复核人：

各岗位职责要求如表 6-3-3 所示。

表 6-3-3　各岗位职责要求

相关人员	职责
填表者	① 填表者拿到盘存单后，应注意是否有重叠。 ② 填表者和盘点者分别在盘存单上签名。 ③ 填表者盘点时，必须先核对货架编号。 ④ 填表者应复诵盘点者所念的各项名称及数量。 ⑤ 对于某些内容已预先填写的盘存单，填表者应对货号、品名、单位、金额等核对无误后，再将盘点者所获得的数量填入盘存表。 ⑥ 盘存表只可填写到指定的行数，空余行数以留作更正用。 ⑦ 填表者对于写错需更正的行次，必须用直尺画去，并在审核栏写“更正第×行”。 ⑧ 填表者填写的数字必须正确清楚，绝对不可涂改
盘点者	① 盘点前盘点者和填表者分别在盘存单上签名。 ② 盘点者对一个货架开始盘点前，先读出货架编号、盘存表号码、张数，再让填表者核对。 ③ 盘点者盘点时原则上由左而右、由上而下，不得跳跃盘点。 ④ 盘点者盘点的顺序（针对同一商品）为：商品货号、商品名称、价格、数量。 ⑤ 盘点者在盘点中应特别注意各角落，避免遗漏商品。 ⑥ 盘点者在盘点商品时，数量必须正确，不可马虎。 ⑦ 盘点者在盘点中，遇到标价不同或没标价时应找其他同种类商品的价标或询问负责该部门的售货员
核对者	① 核对者应注意盘点者的盘点数量、金额是否正确。 ② 核对者应核对填表者的填写是否正确。 ③ 核对者应监督错误的更正是否符合规定。 ④ 核对者应于每一货架盘点完后，在货架编号卡右上打“√”。 ⑤ 核对者在盘点仓库商品时，应对每一种商品进行盘点，核对无误后即在存货计算卡上打“√”。 ⑥ 核对者应于商品盘存表全部填写完毕，并核对无误后，在审核栏内核对处打“√”，右边留作更正、签名及抽查员打“√”用。 ⑦ 核对者审核打“√”，应在合计与单位的空白栏间，从右上至左下画斜线并在核对者栏签名。 ⑧ 核对者在盘点期间应认真核对，以发挥核对的作用
抽查者	① 抽查员应先了解盘存货架的位置、物料摆放的情形及其他知识。 ② 抽查员应接受总督导的指挥调派，在建立配合抽查组织后，开始对各组的盘存进行抽查。 ③ 抽查员检查已盘点完成的货架商品，核对其货号、品名、单位、金额及数量是否按规定填写

项目过程考核小组互评表如表 6-3-4 所示。

表 6-3-4　项目过程考核小组互评表

<table>
<tr><td colspan="2">内容</td><td colspan="5"></td></tr>
<tr><td colspan="3">被评价组</td><td rowspan="2">自评</td><td rowspan="2">组评价</td><td rowspan="2">教师评价</td><td rowspan="2">综合</td></tr>
<tr><td>项目</td><td>评价内容</td><td>评价标准</td></tr>
<tr><td rowspan="2">职业素养</td><td>学习态度的主动</td><td>A. 积极参与教学活动，全勤；
B. 缺勤达本任务总学时的 10%；
C. 缺勤达本任务总学时的 20%；
D. 缺勤达本任务总学时的 30%</td><td></td><td></td><td></td><td rowspan="2"></td></tr>
<tr><td>团队合作精神</td><td>A. 与同学协作融洽、团队合作意识强；
B. 与同学能沟通、协同工作能力较强；
C. 与同学能沟通、协同工作能力一般；
D. 与同学沟通困难、协同工作能力较差</td><td></td><td></td><td></td></tr>
<tr><td rowspan="3">专业能力</td><td>明确任务和完成情况</td><td>A. 按时、完整地完成工作，问题回答正确，数据记录准确完整；
B. 按时、完整地完成工作页，问题回答基本正确，数据记录基本准确；
C. 未能按时完成工作页，或内容遗漏、错误较多；
D. 未完成工作页</td><td></td><td></td><td></td><td rowspan="3"></td></tr>
<tr><td>指定、展示计划</td><td>A. 学习活动评价成绩为 90～100 分；
B. 学习活动评价成绩为 75～89 分；
C. 学习活动评价成绩为 60～74 分；
D. 学习活动评价成绩为 0～59 分</td><td></td><td></td><td></td></tr>
<tr><td>实施与过程检验</td><td>A. 学习活动评价成绩为 90～100 分；
B. 学习活动评价成绩为 75～89 分；
C. 学习活动评价成绩为 60～74 分；
D. 学习活动评价成绩为 0～59 分</td><td></td><td></td><td></td></tr>
<tr><td colspan="2">教师签字</td><td></td><td>学生签字</td><td colspan="3"></td></tr>
</table>

想一想　练一练

（1）分析产生差异的原因。

（2）面对差异该如何处理？

知识拓展

任务锦囊

1. 盘点差异因素分析

（1）是否因记账员素质较低，记账及账务处理有误，或进、出库的原始单据丢失，盘点不佳导致账货不符。

（2）是否因盘点方法不当，漏盘、重盘或错盘导致账货不符。

（3）是否因盘点制度的缺陷导致账货不符。

（4）是否因货账处理制度的缺陷，导致商品数目无法表达。

（5）是否在容许范围之内。

（6）是否可事先预防，是否可以降低货账差异的程度。

2. 盘点结果的处理

（1）依据管理绩效，对分管人员进行奖惩。

（2）对废次品、不良品减价的部分，应视为盘亏。

（3）存货周转率低，占用金额过大的库存商品，宜设法降低库存量。

（4）盘点工作完成以后，所发生的差错、呆滞、变质、盘亏损耗等结果，应予以迅速处理，并防止以后再发生。

（5）呆滞品比率过大，宜设法研究，致力于降低。

（6）商品除了盘点时产生数量的盘亏外，有些商品在价格上会产生增减。这些差异经主管部门审核后，必须利用商品盘点盈亏及价格增减更正表来修改。

任务四　商品保管与养护

商品保管就是对物品进行储存及对其数量、质量进行管理控制的活动。

学习目标

【知识目标】

（1）熟悉常见商品的性质。

（2）了解常见商品的养护方法。

【能力目标】

具有依据商品保管要求制定商品保管方案的能力。

任务准备

XD 物流公司信息员于 2019 年 1 月 9 日收到 JJL 商场发来一批货物。请你以 XD 物流公司仓储主管、信息员、仓管员的角色，做好该批货物在库储存品的日常养护工作。

任务描述

XD 物流公司有一个面积约 1 000 m^2 的普通仓库，现在要为 JJL 商场完成下面的货物的仓储任务。

商品清单如表 6-4-1 所示。

表 6-4-1　商品清单

序号	商品名称	规　格	数　量	包　装
1	伊利红枣酸奶	箱	1 000	纸箱包装
2	卷心菜	框	500	周转箱装
3	海鱼	公斤	100	冰柜储存
4	刀具	箱	300	纸箱包装
5	书籍	箱	4 500	纸箱包装
6	台式电脑	台	1 000	纸箱包装
7	苹果	箱	5 000	纸箱包装

（1）学会使用温湿度计并为该批商品设计商品的温湿度调节与控制方案。
（2）请为该批商品设计商品的防锈与除锈方案。
（3）请为该批商品设计商品的霉变与虫害的防治方案。

任务分析

商品养护的首要问题就是采用科学的方法进行管理，使之适合于商品的储存，以保证商品完好无损。

商品保养的基本要求如图 6-4-1 所示。

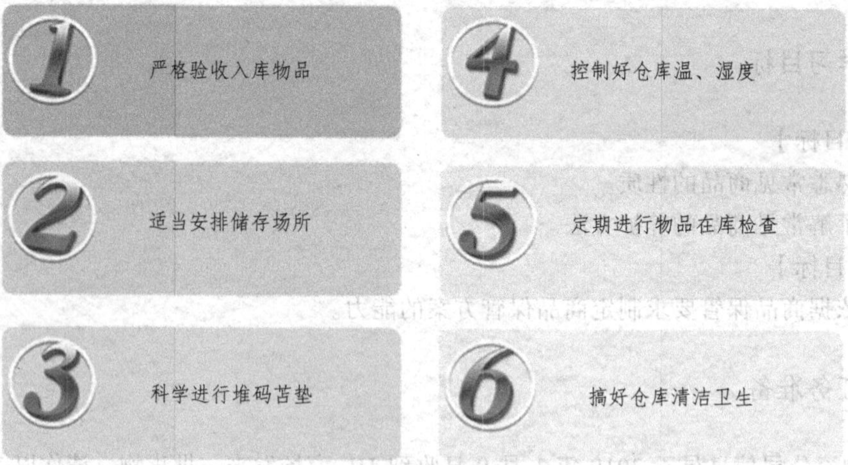

图 6-4-1　商品保养的基本要求

一、库存商品质量变化分析

1. 物理机械变化

物理机械变化是指仅改变商品的外部形态（如气体、液体、固体“三态”之间发生的变化），不改变其本质，在变化过程中没有新物质产生，并且可能反复进行变化的质量变化现象。商品常发生的物理机械变化有挥发、溶化、熔化、渗漏、串味、沉淀、玷污、破碎与变形等。

2. 化学变化

商品的化学变化与物理变化有本质的区别，它是指构成商品的物质发生变化后，不仅改变了商品本身的外观形态，也改变了商品的本质，并有新物质生成，且不能恢复成原状的变化现象。

商品发生化学变化，严重时会使商品完全丧失使用价值。商品中常见的化学变化有化合、分解、水解、氧化、老化、聚合、裂解、风化、曝光、锈蚀等。

3. 商品的生理生化变化及其他生物引起的变化

商品的生理生化变化是指有机体商品（有生命力的商品）在生长发育过程中，为了维持其生命活动，其自身发生的一系列特有的变化，如呼吸作用、发芽、胚胎发育和后熟等。

生物引起的变化是指商品在外界有害生物作用下受到破坏的现象，如虫蛀、鼠咬、霉变等。

二、影响库存商品质量变化的因素

1. 内在原因

商品在储存期间发生各种变化，起决定作用的是商品本身的内在因素，如化学成分、结构形态、物理化学性质、机械及工艺性质等。

2. 外在原因

影响库存商品变化的外界因素有很多，从大的方面可分为自然因素和社会因素两大类。这里主要介绍自然因素，如温度、湿度、日光、大气、生物及微生物。

知识平台

一、温湿度控制

1. 温度

必须对仓库提出适合于商品长期安全储存的温度界限，即“安全温度”。

8 °C ~ 15 °C，是储粮的最佳温度，这一温度可以防止粮食生虫。

鲜鱼最佳冷藏室温度为-3 °C。

肉类，如猪肉、牛肉，应保存在-18 °C 的环境中。这样可较好地保持细胞壁的完整性，有利于水分的保持。如果在-2 °C ~ 5 °C 条件下冷藏，肉类最多可保存一个星期。

绿色蔬菜应在低温（不低于 0 °C）环境存放，若温度超过 40 °C，其所含叶绿素酶会将叶绿素与蛋白质分开而使其散失；若温度低于 0 °C，叶绿素又会因冷冻而遭到破坏。

白菜、芹菜、洋葱、胡萝卜等的适宜存放温度为 0 °C 左右。

存放马铃薯的最佳温度是 2 °C ~ 4 °C。

黄瓜、茄子、西红柿等的适宜存放温度为 7.2 °C ~ 10 °C，如果温度过低则会丧失鲜味，严重的还会腐烂。

南瓜适宜在 10 °C 以上存放；地瓜（红薯）的最佳存放温度为 15 °C 以上。

香蕉收获季节的温度约为 30 °C，在保存的时候需将温度降低到 13 °C 左右；橙子的保存温度为 4 °C ~ 5 °C；苹果的储藏温度为−1 °C ~ 4 °C；芒果为 0 °C ~ 13 °C；木瓜为 7 °C；荔枝为 7 °C ~ 10 °C，所以荔枝不适宜放入冰箱存放。

各种果汁在 8 °C ~ 10 °C 时为宜。

2. 湿度

空气湿度的表示方法有绝对湿度、饱和湿度、相对湿度等。

绝对湿度（e）是指在单位体积的空气中，实际所含水蒸气的量。可以按密度来计算，即按每立方米空气中实际所含水蒸气的重量来计算，用克/立方米表示。

饱和湿度（E）是指在一定湿度下单位体积中最大限度地能容纳水蒸气的量，用克/立方米表示。

空气的饱和温度是随着温度的升高而增大，随温度降低而减小的。

相对湿度=绝对湿度/同温度下的饱和湿度×100%

常见的温度计如图 6-4-2 所示。

3. 控制温湿度的办法

控制温湿度的方法如图 6-4-3 所示。

指针式温湿度计

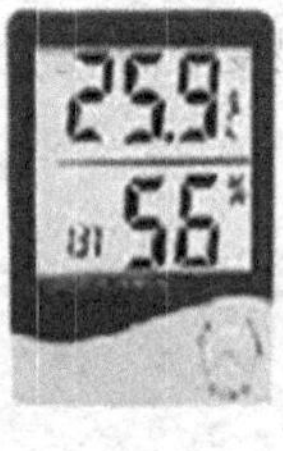

电子温湿度计

数字式温湿度计

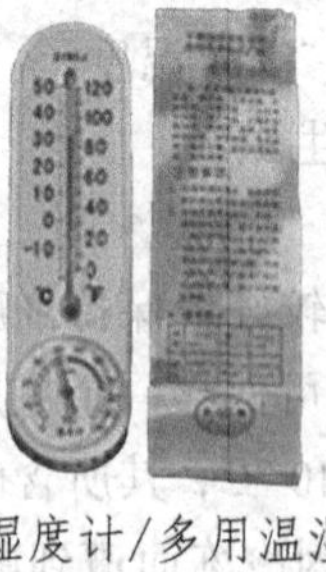

家用温湿度计/多用温湿度计

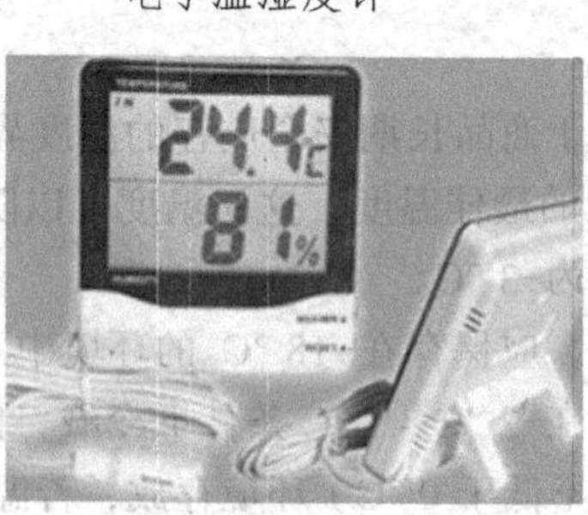

传感器/温湿度计/温湿度

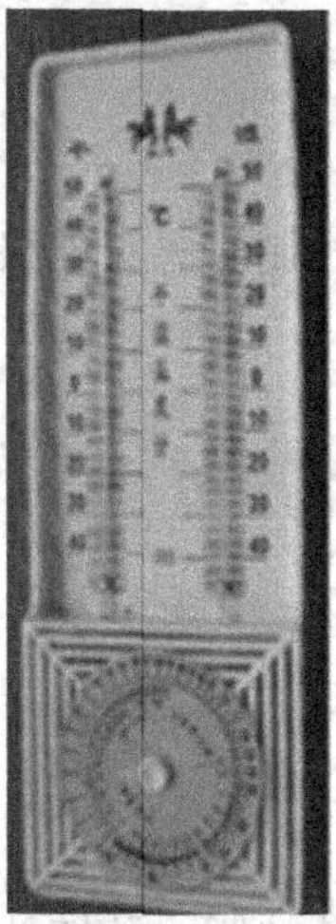

图 6-4-2　常见的温度计

图 6-4-3　控制温湿度的方法

二、商品的防锈蚀、防霉腐、防虫害

（一）锈蚀产生的原因

金属腐蚀按其发生的机理不同分为化学腐蚀和电化学腐蚀。

化学腐蚀是指金属在干燥气体或非电解液的作用下，与某些物质直接发生化学作用所引起的腐蚀现象。如在高温下金属的氧化就属于此类腐蚀。化学腐蚀所生成的化合物可在金属表面形成一层薄膜，在不同程度上具有抑制腐蚀继续进行的作用。其膜愈是致密、均匀、坚实、完整，则抑制作用愈好。化学腐蚀一般不会造成金属的严重损失。而造成金属腐蚀的主要原因是电化学腐蚀。

电化学腐蚀是指具有不同电极电位的金属互相接触。在有电解质溶液存在的情况下，电极电位低的金属（比较活泼的金属）作为阳极，电极电位高的金属作为阴极，两极之间有电流产生，所引起的金属腐蚀现象。

在同样的条件下，各种金属的耐蚀性取决于各种金属的内在因素，如金属的化学成分、组织结构、理化性质、表面状态、应力状态等。

金属的电化学腐蚀，是在外界因素的影响和作用下发生的。

外界因素是金属腐蚀的条件。影响金属腐蚀的外界因素，主要有湿度、温度、大气、灰尘等。

（二）金属制品的养护及处理

1. 防止金属锈蚀的一般措施

在仓库里，对影响金属锈蚀的内在因素无法改变和控制时，只能根据影响金属锈蚀的外界因素，采取相应的措施。

（1）防水防潮，保持干燥；

（2）避免库内温度的急剧变化；

（3）尽量避免有害气体的影响；

（4）防尘除尘搞好卫生；

（5）文明装卸防止机械损伤。

2. 喷吐缓蚀防护层

涂油防锈：在金属表面喷涂一层具有缓蚀作用的防锈油脂。防锈油脂对金属有良好的附着力，有一定的强度、稳定性和防水性，易喷涂、易清除、无毒害。

气相防锈：利用挥发性的固体物质在金属制品周围挥发出缓蚀气体，来阻隔腐蚀介质的腐蚀作用。气相缓蚀剂主要是无机酸或有机酸的胺盐、酯类、硝基化合物及其胺盐、杂环化合物等。气相防锈方法简便，效果良好，有效期长。但必须保持密封状态，否则气体易外溢，以致影响防锈效果，缩短有效时间。

可剥性塑料防锈：以塑料为成膜物质，配合以增塑剂、稳定剂、缓蚀剂等所组成的防锈涂料。可剥性塑料防锈效果好，而且防锈期长，一种很有发展前途的防锈方法。

（三）金属除锈方法

1. 物理方法除锈

物理方法除锈是利用机械摩擦除去锈层的一种方法。

人工除锈也称手工除锈，是靠人工使用钢丝刷、铜丝刷、砂纸、砂布等打磨锈蚀物表面，除掉锈层的方法。比较粗糙的钢铁制品，使用钢丝刷或粗砂布粗砂纸打磨；一般精度的金属制品及零件，可用软铜纸或细砂布（纸）打磨；表面有镀层或经过抛光的金属制品，可用纱布蘸抛光膏、去污粉等打磨。人工除锈适用于数量少或无法使用机械除锈的情况。

机械除锈法是利用专用的机械设备进行除锈的方法，有旋转摩擦轮除锈法、滚筒除锈法和喷砂除锈法等。

2. 化学方法除锈

化学方法除锈是利用酸或碱溶液，与金属表面锈蚀产物发生化学反应，将锈蚀产物溶解、除掉的方法。

最广泛采用的化学除锈法是酸洗法。其主要依靠酸与金属锈蚀产物发生化学作用，使不溶性的锈蚀产物变成可溶性物质，脱离金属表面溶入溶液中，达到除锈的目的。酸洗除锈液，主要由无机酸和缓蚀剂（或钝化剂）配制而成。常用的无机酸有硫酸、盐酸、硝酸、磷酸、氯氟酸等。

金属的防锈与除锈如图 6-4-4 所示。

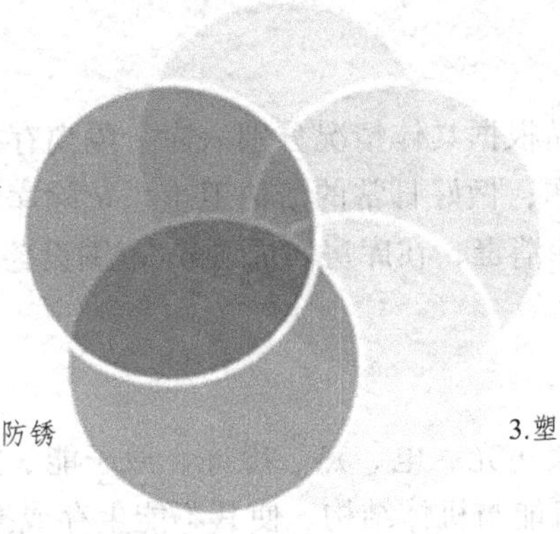

图 6-4-4　金属的防锈与除锈

三、防霉处理

（一）商品霉变的原因

商品发生霉变主要受以下几个因素的影响：

（1）空气中的湿度；

（2）温度；

（3）光线；

（4）空气成分。

（二）商品霉腐的防治

1. 常见易霉腐商品表（见表 6-4-2）

表 6-4-2　易霉腐商品表

食品	饼干、糕点、食糖、罐头、酱醋、鲜蛋、肉类、鱼类等
药品	各种糖浆、蜜丸，以葡萄糖等溶液为主的针剂，以动物胶为主的膏药，以淀粉为主的片剂和粉剂等
纺织品	棉、毛、麻、丝等天然纤维及其各种制品
工艺品	竹、木、麻、草制品，绢画、绢花，绒绣和核雕等
皮革品	各种皮鞋、皮靴、皮包、皮衣、皮箱、皮带等
日用品	各种化妆品等

2. 常见的防霉技术

（1）常规防霉腐：采用低温防霉法与干燥防霉法。

（2）药剂防霉腐：将对霉变微生物具有杀灭或抑制作用的化学药品分散或喷洒到商品上以防霉腐。

（3）气相防霉腐：利用气相防霉腐剂散发出的气体，抑制或毒杀商品上的霉菌。

四、防虫害

1. 杜绝仓库害虫的来源

必须加强入库验收，将商品根据具体情况分别入库，隔离存放。要定期对易染虫害的商品进行检查，做好预测预报工作；做好日常的清洁卫生，铲除库区周围的杂草，清除附近沟渠污水，同时辅以药剂进行空库消毒，在库房四周 1 m 范围设药剂喷洒防虫线，以有效杜绝害虫的来源。

2. 物理防治

物理防治就是利用物理因素（光、电、热、冷冻、原子能、超声波、远红外线、微波及高频振荡等）破坏害虫的生理机能与机体结构，使其不能生存或抑制其繁殖。常用的方法有：灯光诱集、高温杀虫、低温杀虫、电离辐射杀虫、微波杀虫。

3. 化学防治

化学防治就是利用化学药剂直接或间接毒杀害虫的方法。常用的药剂有杀虫剂、熏蒸剂、驱避剂等。

任务实施

步骤一：按要求对商品分类存放。

步骤二：根据商品的性质特征做好每种商品的养护方案。

步骤三：存储期间的日常检查监控。

项目过程考核小组互评表如表 6-4-3 所示。

表 6-4-3　项目过程考核小组互评表

内容						
被评价组			自评	组评价	教师评价	综合
项目	评价内容	评价标准				
职业素养	学习态度的主动	A. 积极参与教学活动，全勤； B. 缺勤达本任务总学时的 10%； C. 缺勤达本任务总学时的 20%； D. 缺勤达本任务总学时的 30%				
	团队合作精神	A. 与同学协作融洽、团队合作意识强； B. 与同学能沟通、协同工作能力较强； C. 与同学能沟通、协同工作能力一般； D. 与同学沟通困难、协同工作能力较差				
专业能力	明确任务和完成情况	A. 按时、完整地完成工作，问题回答正确，数据记录准确完整； B. 按时、完整地完成工作页，问题回答基本正确，数据记录基本准确； C. 未能按时完成工作页，或内容遗漏、错误较多； D. 未完成工作页				

续表

内容						
被评价组			自评	组评价	教师评价	综合
项目	评价内容	评价标准				
	指定、展示计划	A. 学习活动评价成绩为 90 ~ 100 分； B. 学习活动评价成绩为 75 ~ 89 分； C. 学习活动评价成绩为 60 ~ 74 分； D. 学习活动评价成绩为 0 ~ 59 分				
专业能力	实施与过程检验	A. 学习活动评价成绩为 90 ~ 100 分； B. 学习活动评价成绩为 75 ~ 89 分； C. 学习活动评价成绩为 60 ~ 74 分； D. 学习活动评价成绩为 0 ~ 59 分				
教师签字			学生签字			

想一想 练一练

商品有哪些防霉技术？

知识拓展

一、常见的环境温湿度最佳范围

居室环境：40% ~ 70% RH；
最有利的防病、治病环境：40% ~ 55% RH；
书、文物保管环境：40% ~ 60% RH；
计算机、通信器材保管环境：45% ~ 60% RH；
棉毛纺织品存放：40% ~ 60% RH；
奶制品存放：50% ~ 60% RH；
糖果、点心存放：50% ~ 60% RH；
蔬菜、水果存放：50% ~ 70% RH；
粮食存放：50% ~ 70% RH。

二、常见的食品冷藏时间

鲜蛋：冷藏 30 ~ 60 天；
熟蛋：冷藏 6 ~ 7 天；
牛奶：冷藏 5 ~ 6 天；
酸奶：冷藏 7 ~ 10 天；

鱼类：冷藏 1 ~ 2 天，冷冻 90 ~ 180 天；
牛肉：冷藏 1 ~ 2 天，冷冻 90 天；
肉排：冷藏 2 ~ 3 天，冷冻 270 天；
香肠：冷藏 9 天，冷冻 60 天；
鸡肉：冷藏 2 ~ 3 天，冷冻 360 天；
罐头食品：未开罐冷藏 360 天；
花生酱、芝麻酱：已开罐冷藏 90 天；
咖啡：已开罐冷藏 14 天；
苹果：冷藏 7 ~ 12 天；
柑桔：冷藏 7 天；
梨：冷藏 1 ~ 2 天；
熟西红柿：冷藏 12 天；
菠菜：冷藏 3 ~ 5 天；
胡萝卜、芹菜：冷藏 7 ~ 14 天。

模块七

出库作业

任务一　货物出库信息处理

学习目标

【知识目标】

（1）掌握出库单的概念及内容。

（2）了解出库单的流转。

（3）熟悉出库信息处理的流程。

【能力目标】

（1）能够根据出库通知单在仓储管理系统上完成出库订单操作。

（2）能利用相关仓储设备完成出库任务。

任务准备

2018 年 8 月 9 日—8 月 10 日，WM 超市为了迎接超市 5 周年店庆，正在搞店庆大促销活动。2018 年 8 月 10 日上午，YT 仓储配送中心仓管员李×收到客户 WM 超市发来的邮件，需要 YT 仓储配送中心下午 2 点将 28 箱电炸锅进行出库。

YT 仓储配送中心仓管员李×接到通知后，将《出库通知单》交于信息员王×，要求其根据客户的要求完成此批货物的出库订单处理操作。王×该如何完成此次出库订单信息的处理呢？

任务描述

出库通知单具体信息如表 7-1-1 所示。

表 7-1-1　出库通知单

YT 仓储配送中心			2018 年 8 月 10 日
批次	140810		
采购订单号	20180810007		
客户指令号	20180810007	订单来源	E-mail
客户名称	WM 超市	质量	正品

续表

<table>
<tr><td colspan="2">客户地址</td><td colspan="2">哈尔滨市道里区石头街道×号</td><td>客户电话</td><td colspan="3">0415-825703××</td></tr>
<tr><td colspan="2">出库方式</td><td colspan="2">送货</td><td>入库类型</td><td colspan="3">正常</td></tr>
<tr><td>序号</td><td>条形码</td><td>名称</td><td>单位</td><td>规格（mm）</td><td>申请数量</td><td>实收数量</td><td>备注</td></tr>
<tr><td>1</td><td>694133400019</td><td>电炸锅</td><td>箱</td><td>480×320×200</td><td>28</td><td></td><td></td></tr>
<tr><td colspan="5">合计</td><td></td><td></td><td></td></tr>
</table>

任务分析

（1）硬件环境：物流实训中心、计算机、出库通知单、打印机、纸、笔。

（2）软件环境：第三方物流信息管理系统、网络资源、Office 办公软件。

（3）学生分组：每 3 ~ 5 名同学为一组，每组设一名组长，组员间进行分工合作。

知识平台

一、出库单的概念及内容

出库单是商家之间互相调货的凭证，是为了方便对账和结算，减少现金支付的一种手段。出库单一式多份，一般为买家、卖家、存根、交易支付，用不同颜色区分。上面填有货品名、数量、单价、交易额以及买卖方、经手人、日期等。商家提货时，提供入库单，填写出库单并盖印章或签名，被提货方可以凭借出库单找提货方收款。目前，出库单也应用到了一些公司和单位的部门间物品出库，设存根、财务、回联三栏，提货由处室部门的负责人或领导签字同意，减少了现金的支付，让账务更明细。出库单如表 7-1-2 所示。

二、出库信息处理

（1）提货人把货主单位或仓储业务部门开具的提货单送交仓储部门的业务会计，业务会计认真核对印鉴、背书提货单上的有效期及开列的各个项目，审核无误后，在提货单上签注结存数并签字，然后根据提货单记载保管账。

（2）将提货单传递给发货业务员，当发货业务员接到经会计批注的提货单后，办理发货业务。待发货业务结束后，在提货单上加盖货物付讫章并签名，将提货单交回业务会计。

（3）当业务会计收到发货业务员的提货单后，向提货人出具出库凭证和出门证。出门时，提货人将出门证交给门卫，待门卫验证无误后才能放行。当日出库工作结束后，门卫将出门证交回业务会计，业务会计将出门证与已经回笼的提货单逐一核对。如果发现提货单或出门证不符，应该立即追查原因，并进行妥善处理。

表 7-1-2　出库单

科目		年　月　日　对方科目______												
货号	品名	单位	数量	单价	金额									
					百	十	万	千	百	十	元	角	分	备注
金额大写：　佰　拾　万　仟　佰　拾　元　角　分														

附件　张

一联存跟　二联出张　三联记账

主管：　　会计：　　保管员：　　经纪人：

三、货物出库管理信息系统

货物出库管理信息系统是物流配送中心的重要信息系统之一。其对外作业主要是从客户取得货物订单，然后按客户订货要求进行订单处理、分拣、组配、发货到实际将货物运送至客户手中为止，都是以客户为服务对象。对内的作业内容则是进行货物订单需求统计，传送到货物入库管理系统作为库存管理，并从货物入库管理系统处取得入库数据资料；待货物发货后将应收账款账单传递至财务会计系统。目前，这种系统深受众多物流公司的青睐。

（一）管理系统

出库业务的趋势是客户要求越来越高，客户需要快捷、方便、简单、一站式的出库手续。因此，货物出库管理信息系统要简化出库手续，减轻作业量，又要便于出库管理。有如下具体要求：

（1）要减轻仓库作业的间接作业。

（2）与仓库的运营模式相吻合，便于仓库保管人员操作使用。

还要与出库机械化设备相吻合，充分发挥出库机械化设备的作用，提高出库业务效率。

（二）货物出库管理

货物出库管理信息系统包括：订单处理信息系统、出库分析与预测信息系统、拣货与包装加工信息系统、派车与配送信息系统、仓储管理信息系统、应收账款信息系统。

1. 订单处理信息系统

订单处理信息系统主要用于物流配送中心的货物订单的自动接收与转换，当系统收到客户的货物订单后，能自动转换成拣货分货指令、包装指令、加工指令、配装指令、派车指令、配送指令、应收账款指令等。

2. 出库分析与预测信息系统

出库分析与预测信息系统包括出库分析信息系统、出库预测信息系统和货物管理信息系统。

（1）出库分析信息系统。

它主要用于出库货物分析，是为了帮助仓库主管对现有出库信息有全面的了解，掌握仓库的全面情况。输入出库时间、货物类别、货物名称、客户名称、作业员名称等数据，可查询各个出库信息或出库统计资料。出库分析信息系统只读取数据库内容，包括订单数据库、出库配送控制数据库、入库数据库等。有总的货物出库统计表、年度货物出库统计表、年度及月份货物出库统计比较分析表、货物成本利润百分比分析报表，并可查询作业员出库业绩及各仓库经营业绩等数据。

（2）出库预测信息系统。

它主要是用于出库预测，帮助高层主管根据现有出库资料预测物流配送中心的发展趋势，预测未来库存需求量、客户需求。采用计算机和数学模型的预测可提高时效性和准确性。预测一般可根据预测模型或统计方法实现，包括最小平方法、平均数法、中位数法、众数法、移动平均法、时间序列分析法、指数平滑法、相关分析法、多元回归分析等。出库预测信息系统需将影响出库预测结果的外界数据转换成模型使用的参数，并按需求查询打印货物出库预测表、客户需求预测表、设备需求预测表库存需求预测表、成本需求分析预测表等。

（3）货物管理信息系统。

它主要是用于出库货物管理，帮助仓库主管了解客户对货物的偏好趋势，一般只需要按需求输入查询即可。常用的货物管理报表包括货物出库分析表、畅销品及呆滞品分析表、货物周转率分析表、货物获利率分析表等。

必须具备按货物、客户、作业员、仓库等查询出库量、出库金额、成本、利润等数据及打印各种汇总报表的功能。具有分析比较的功能，能自动生成各种分析表格。具有判断预测的功能，能自动生成预测模型进行预测。具有货物管理的功能，能自动生成各种货物管理表格。要求使用方便，便于仓库管理人员操作使用。

3. 拣货与包装加工信息系统

该信息系统是根据客户订购的货物做出货前的准备工作，用于出货前的拣货、包装和流通加工，通常由仓库管理员和包装加工人员来使用。主要包括拣货信息系统和包装加工信息系统两种。

（1）拣货信息系统。

拣货信息系统是用于物流配送中心出库拣货作业时的信息系统，主要是帮助拣货作业人员分拣出库货物。当输入出库订单上的货物名称、规格、数量等信息，拣货信息系统能自动分拣出货物，这是物流配送自动化的一个重要组成部分，可大大提高物流分拣作业效率，减少分拣工作量。

（2）包装加工信息系统。

包装加工信息系统是用于物流配送中心货物包装和加工作业的信息系统，主要是帮助货物包装人员、货物加工人员包装和加工。与自动包装设备和自动加工设备连接，能进行自动包装和自动加工，是物流配送自动化的重要组成部分，并能打印包装和加工货物的各种报表，能大大提高包装和加工的作业效率。

必须具备计划、工作调度、单据报表打印及与自动化机械设备连接、转换、传送等功能，能自动生成拣货、包装、流通加工的各种报表，能使用自动化机械设备。

拣货系统需具备多种拣货方式，拣取的货物可由程序更换，并可设定不同仓储单位之间的数量转换。

各种货物所需包装和加工处理的程序不同，包装、加工信息系统需有包装加工程序及设备需求设定的功能。

该系统使用操作方便，便于物流配送中心的包装人员、加工人员使用操作。

4. 派车与配送信息系统

货物经分拣、包装、流通加工后即可集中在出货区内准备装车配送。派车与配送信息系统包括派车信息系统、配送信息系统。

（1）派车信息系统。

派车信息系统是用于物流配送中心派车用的信息系统，主要是帮助车辆调度人员调度派车。当输入车辆的车型、车号、司机、货物名称、规格、重量、运输线路、发货地、接货地等信息后，系统能自动生成运输调度指令并进行打印。该系统能大大提高物流配送派车的作业效率，是物流配送自动化、信息化的一个重要组成部分。

（2）配送信息系统。

配送信息系统是用于物流配送中心配送货物的信息系统，主要帮助物流配送人员进行货物配送。当输入配送货物名称、规格、计量单位、数量、单价、客户资料、配送线路等信息后，系统能自动生成货物配送单及各种配送报表。该系统是物流配送自动化、信息化的一个重要组成部分，可大大提高货物配送作业效率。

派车与配送具备派车和配送的基本功能，能自动生成派车计划单和货物配送单，并能打印各种单据报表等。派车信息系统中司机及随车配送人员的调派要考虑工作能力和工作量，以便合理安排司机和配送人员。系统中应有司机和配送人员的详细个人资料，以便系统及时提取。

配送信息系统中所遇到的困难及不能完成配送任务的原因也应在系统中反映，以便进行分析，避免下次配送时出现同样的错误，以减少重复配送、差错。

系统操作简单方便，方便调度人员和配送人员使用，有较强的数据处理能力。

5. 仓储管理信息系统

仓库管理信息系统包括月台使用信息系统、仓储区管理信息系统、包装物管理信息系统。

（1）月台使用信息系统。

月台使用信息系统是用于物流配送中心月台使用的信息系统，主要帮助装卸人员装卸货物时使用月台，提高月台的使用效率，是仓储管理信息系统的重要组成部分。

（2）仓储区管理信息系统。

仓储区管理信息系统是物流配送中心用于仓库区规划、使用和管理的信息系统，主要帮助仓储人员进行货物分类、货位分配与摆设，货位调用与作业。当仓库使用自动化设备时，能自动指挥自动化设备作业，是仓储管理信息系统的重要组成部分。

（3）包装物管理信息系统。

包装物管理信息系统是物流配送中心用于仓储包装物使用的信息系统，主要是帮助仓储人员在使用包装物进行货物包装时决定哪些货物该包装，用什么样的包装物，这些包装物是否流通，是否回收，如何流通和回收，包装物流通回收的价格计算等，是仓储管理信息系统的重要组成部分。

6. 应收账款信息系统

应收账款信息系统是物流配送中心结账时使用的信息系统，主要帮助会计部门催收货款。当货物配送出库并送达客户后，订购数据即由订单数据库转入应收账款数据库，会计人员于结账日调用此系统，将应收账款按客户进行统计并打印催款单及发票。催款单和发票交给客户，当货款收到后，经会计人员确认后冲销应收账款，作为货款收入。

任务实施

步骤一：新增出库单。
步骤二：生成作业计划（信息处理员王×）。
步骤三：打印出库单（信息处理员王×）。

任务评价

任务评价如表 7-1-3 所示。

表 7-1-3　任务评价表

组别		组员			
任务名称	出库订单处理				
考核内容	评价标准	参考分值	考核得分		
			自评	互评	教师评
职业素养	1. 有较强的沟通能力和团队合作精神	10			
	2. 有良好的专业行为规范	10			
理论素养	1. 掌握出库的概念及其内容	10			
	2. 掌握出库信息的作业步骤	10			
	3. 了解出库单的流转	10			
职业技能	1. 能正确识读出库通知单信息	10			
	2. 能根据出库通知单在仓储管理系统上完成出库订单操作	10			
	3. 熟悉出库订单处理操作	10			
	4. 能正确按时完成技能训练	20			
小计		100			
合计=自评（20%）+互评（40%）+教师评（40%）			教师签字		

任务二　货物出库作业

学习目标

【知识目标】

（1）掌握出库作业流程。

（2）了解货物出库中发现问题的处理方法。

【能力目标】

（1）能概述货物出库中发现问题的处理。

（2）能够概述出库作业的流程。

（3）学会填写各种出库作业单证。

案例引入

大连 HX 零部件制造公司作为大连市重点企业，对原材料需求很大，每年采购数额约 4 亿元，所以如何对仓库进行管理和控制对企业的发展至关重要。HX 公司在总结多年实践经验的基础上，制定了下列出库管理制度，取得了较好的效果。

配件的出库是仓储作业的重要阶段，入库是仓储活动的开始，而出库则是仓库业务的最后阶段，出库的目的是把配件及时、准确、迅速地发放到使用对象手中，不影响企业生产经营工作。因此，仓库应该努力做好出库工作。为保证配件出库的及时、准确，使出库工作尽量一次完成，公司仓库实行“先进先出”原则，在减少物资储存时间的同时，严格按照出库程序进行。出库前要核对备料、复核、发料、清理、准备、库凭证。

HX 公司配件出库流程如图 7-2-1 所示。

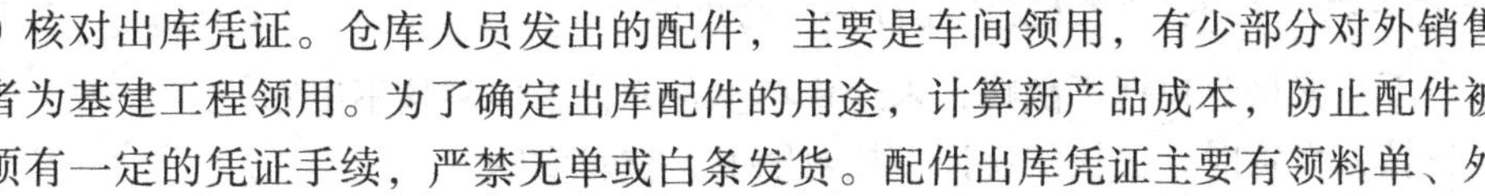

图 7-2-1　HX 公司配件出库流程

（1）配件出库前的准备。仓库要深入实际，掌握用料规律，并根据出库任务量安排好所需的设备、人员和场地等。

（2）核对出库凭证。仓库人员发出的配件，主要是车间领用，有少部分对外销售、委托加工或者为基建工程领用。为了确定出库配件的用途，计算新产品成本，防止配件被盗，出库时必须有一定的凭证手续，严禁无单或白条发货。配件出库凭证主要有领料单、外加工发料单等。保管员接到领料通知单，必须认真核对，无误后方可发料。

（3）备料。按照出库凭证所列进行备料，同时变动料卡的余存数量，填写实发数量和日期等。

（4）复核。为防止差错，备料后必须进行复核。复核的主要内容有：出库凭证与配件的名称、规格、数量、质量是否合格。

（5）发料和清理。复核无误后，即可发料。发料完成后，当日登记销账，清理单据、证件，并清理现场。

（6）仓库出库工作的好坏直接影响企业正常经营和秩序，影响配件的盈亏、损耗和周转速度。

试问：HX 公司配件出库程序的优缺点。

知识平台

一、货物出库的基本要求

1. 严格贯彻“先进先出，推陈出新”的原则

所谓先进先出就是根据商品入库的时间先后，先入库的商品先出库，以保持库存商品质量完好。尤其对于易变质、易破损、易腐败的商品，机能易退化、老化的商品，应加快周转，对变质失效的商品不准出库。

2. 出库凭证和手续必须符合要求

出库凭证的格式不尽相同，但不论采用何种形式必须真实、有效。出库凭证不符合要求，仓库都不得擅自发货。特殊情况发货必须符合仓库有关规定。

3. 严格遵守仓库有关出库的各项规章制度

仓库中主要的规章制度包括以下几项：

（1）商品出库必须遵守各项制度，按章办事。发出的商品必须与提货单、领料单或调拨单上所列的名称、规格、型号、单价、数量相符。

（2）未验收的商品以及有问题的商品不得发放出库。

（3）商品入库检验与出库检验的方法应保持一致，以免造成人为的库存盈亏。

（4）超过提货单有效期尚未办理提货手续的商品不得出库。

4. 提高服务品质、满足用户需要

商品出库要求做到及时、准确、保质、保量地将商品发放给收货单位，防止差错事故发生；工作尽量一次完成，提高作业效率；为用户提货创造各种方便条件，协助用户解决实际问题。

5. 严格贯彻“三不”“三核”“五检查”的原则

（1）三不：未接收单据不翻账，未经审单不备库，未经复核不出库。

（2）三核：发货时，要核实凭证、核对账卡、核对实物。

（3）五检查：对单据和实物要进行品名检查、规格检查、包装检查、件数检查、重量检查。

二、货物出库方式

目前商品出库的方式主要有以下六种形式。

1. 客户自提

客户自提是指客户自派车辆和人员，持提货单（领料单）到仓库直接提货的一种出库方式。这种方式是仓库通常所称的提货制。它具有“提单到库，随到随发，自提自运”的特点。为划清交接责任，仓库发货人与提货人在仓库现场，对出库商品当面交接清楚并办理签收手续。这种方式适用于运输距离近、提货数量少的客户。

2. 送货上门

送货上门就是仓储单位派自己的车辆和人员，根据用户的要求，把出库凭证所开列的商品，直接运送到客户指定地点的一种出库方式。这种发货形式就是通常所称的送货制。

仓库送货，要划清交接责任。仓储部门与运输部门的交接手续，是在仓库现场办理完毕的。运输部门与收货单位的交接手续，是根据货主单位与收货单位签订的协议，一般在收货单位指定的到货目的地办理。

送货具有“预先付货、按车排货、发货等车”的特点。仓库送货具有多方面的好处：仓库可预先安排作业，缩短发货时间；收货单位可避免因人力、车辆等不便而发生的取货困难；在运输上，可合理使用运输工具，减少运费。

3. 代办托运

代办托运是指仓库接受客户的委托，为客户办理商品托运时，依据货主开具的出库凭证上所列商品的品种、规格、质量、数量、价格等，办理出库手续，通过运输部门如公路、铁路、水路、航空等，把商品发运到用户指定地点的一种出库方式。这种方式较为常见，也是仓库推行优质服务的措施之一，适用于大宗、长距离的商品运输。

4. 过户

过户是一种就地划拨的形式。商品虽未出库，但是所有权已从原有的货主转移到新的货主。仓库必须根据原有货主开出的正式过户凭证，才予办理过户手续。

5. 转仓

转仓即货主单位为了业务方便或改变商品储存条件，需要将某批库存商品从甲库转移到乙库，仓库也必须根据货主单位开出的正式转仓票，才予办理转仓手续。

6. 取样

取样是货主对商品质量检验、样品陈列等需要，到仓库取货样，仓库必须根据正式取样凭证才予发给样品，并做好财务记录。

三、组织商品出库作业

由于各种类型的仓库具体储存的商品种类不同，经营方式不同，商品出库的程序也不尽相同，但就其出库的操作内容来讲，一般的出库业务程序如图 7-2-2 所示，主要包括出库凭证审核、出库信息处理、拣货、分货、发货检查、包装、贴标签等。

1. 出库凭证审核

仓储业务部门接到商品出库凭证（见图 7-2-3）时，首先要仔细审核出库凭证。

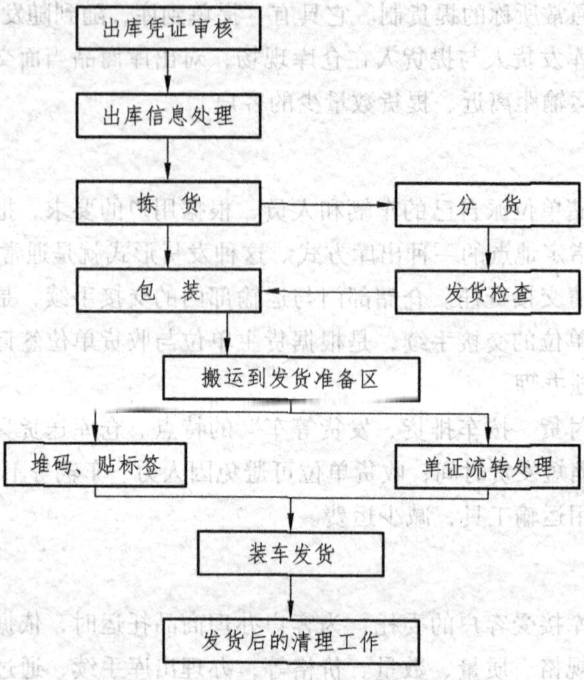

图 7-2-2 出库工作流程

领 料 单

用料单位： 编号：

项目或用途： 登账日期：

用料日期： 年 月 日

物资编号	规格品名	单位	数量		单价	金额
			计划	实发		

领料单位主管： 领料人： 报关员：

图 7-2-3 出库凭证（领料单）

审核的主要内容包括：

（1）审核出库凭证的合法性和真实性；

（2）核对商品的品名、型号、规格、单价、数量等有无错误；

（3）核对收货单位、到站、银行账号等是否齐全和准确。

（4）如发现出库凭证有问题，需经原开证单位进行更正并加盖公章后，才能安排发货。但在特殊情况下（如救灾、抢险等），可经领导批准后先发货，事后及时补办手续。

2. 出库信息处理

出库凭证审核无误后，将出库凭证信息进行处理，采用人工处理方式时，记账员将出库凭证上的信息按照规定的手续登记入账，同时在出库凭证上批注出库商品的货位编号，并及时核对发货后的结存数量。当采用计算机进行库存管理时，将出库凭证的信息录入微机后，由出库业务系统自动进行信息处理，并打印生成相应的拣货信息（拣货单等凭证见表 7-2-1），作为拣货作业的依据。

表 7-2-1 拣货单

捡货单号：____________

序号	商品名称	商品编码	储位编码	包装单位			拣取数量	备注
				托	箱	单		

拣货人：　　　　　　　　　　　　　　　　检查人：

3. 拣货

拣货作业是依据客户的订货要求或仓储配送中心的送货计划，尽可能迅速、准确地将商品从其储位或其他区域拣取出来的作业过程。按照拣货过程自动化程度的不同，拣货分为人工拣货、机械拣货、半自动拣货和自动拣货四种方式。

拣货作业除了一些自动化设备逐渐被开发出来利用外，很多情况下还主要是劳动力密集型作业。为了有效提高作业效率，在进行拣货系统构筑时，可以从以下几个方面着手改进：

不要等待——零闲置时间；

不要拿过去——零搬运；

不要走动——动线尽可能地短；

不要思考——零判断作业（尽可能依靠规程而不是依靠经验）；

不要寻找——储位管理；

不要书写——无纸化作业；

不要检查——条形码由电脑检查。

4. 分货

分货又称配货，拣货作业完成后，根据订单或配送路线等不同的组合方式对货品进行分类。需要流通加工的商品，先按流通加工方式分类，再按送货要求分类，这种作业称为分货作业。分货作业可分为人工分货和自动分货两种方式。

（1）人工分货。人工分货是指分货作业过程全部由人工完成。分货作业人员根据订单或其他方式传递过来的信息进行分货作业。分货完成后，由人工将各客户订购的商品放入已标示好的各区域或容器中，等待出货。

（2）自动分货。自动分货是利用自动分类机来完成分货工作的一种方式。

图 7-2-4 为自动分货设备。自动分货系统一般应用于自动化仓库，适用于多品种、业务量大且业务稳定的场合。

5. 发货检查

为保证出库商品不出差错，配货后应立即进行出库检查。出库检查是防止发货差错的关键。采用人工拣货和分货作业方式时，每经过一个作业环节，必须仔细检查，按照“动碰复核”的原则，既要复核单货是否相符，又要复核货位结存数量来验证出库量是否正确。发货前由专职或兼职复核员按出库凭证对出库商品的品名、规格、单位、数量等进行仔细复验。检查无误后，由复核员在出库凭证上签字，方可包装或交付装运。在包装、装运过程中要再次进行复核。

图 7-2-4　自动分货设备

6. 包装

出库商品有的可以直接装运出库，有的还需要经过包装待运环节。特别是发往外地的商品，为了适应安全运输的要求，往往需要进行重新组装，或加固包装等作业。凡是由仓库分装、改装或拼装的商品，装箱人员要填制装箱单，标明箱内所装商品的名称、型号、规格、数量以及装箱日起等，并由装箱人员签字或盖章后放入箱内供收货单位查对。为了保证出库商品安全运达目的地，包装应符合下列要求：

（1）根据商品的外形特点，选用适宜的包装材料，其重量和尺寸，应便于装卸搬运。

（2）要符合商品运输要求，包装应牢固，内衬应稳固；怕潮商品包装时应增加一层防潮材料；易碎商品包装时应内垫软质衬垫物。包装的外部要有明显标志，标明对装卸搬运的要求及其他标志。

（3）严禁互相影响或性质互相抵触的商品混合包装。

（4）要充分利用包装容积。

（5）要节约包装材料，尽量使用原包装物和旧包装物。

（6）包装完毕后，要在外包装上标明收货单位、到站、发货号、本批商品的总包装件数、发货单位等。字迹要清晰，书写要准确。

7. 货物交接

出库商品无论是要货单位自提，还是交付运输部门发运，发货人员必须向收货人或运输人员按单逐件交接清楚，划清责任。在得到接货人员的认可后，在出库凭证上加盖“商品付讫”印戳，同时给接货人员填发出门证，待门卫依据出门证核验无误后方可放行。

8. 出库后的处理工作

商品交接以后应及时进行发货后的处理工作。人工处理过程由发货业务员在出库凭证上填写“实发数”“发货日期”等项内容，并签名，然后将出库凭证其中的一联及有关证件资料，及时送交货主单位，以便货主办理货款结算事宜。根据留存的一联出库凭证登记实物储存明细账。做到随发随记，日清月结，账面余额与实际库存和卡片相符。出库凭证应该当日清理，定期装订成册，妥善保存，已备查用。采用微机管理系统，应及时将出库信息输入管理系统，系统自动更新数据。

四、出库单证流转和账务处理

出库单证包括提货单、送货单、移库单和过户单等。不同的出库方式，其单证流转与账务处理的程序也不一样，现在以自提方式的单证流转进行介绍。

自提方式的单证流转和账务处理过程可以用图 7-2-5 所示的数据流程图来表示。

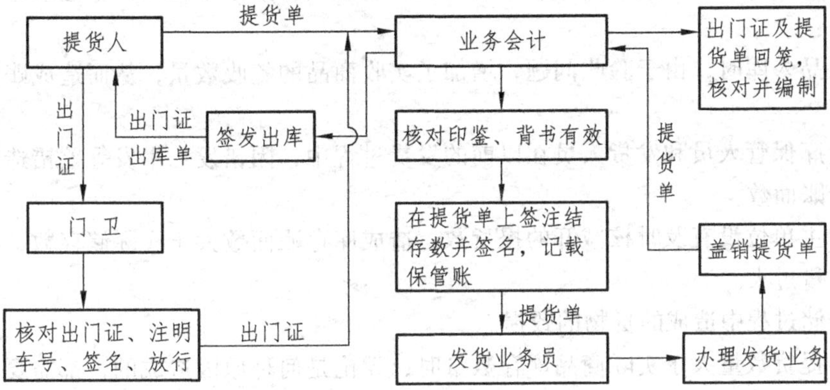

图 7-2-5　自提方式数据流程

第一步：提货人将货主单位或仓储企业部门开具的提货单送交仓储部门的会计。业务会计认真核对印鉴、背书提货单上的有效期及开列各种项目，审核无误后，在提货单上签注结存数并签字，然后根据提货单记载保管账。

第二步：将提货单传递给发货业务员，当发货业务员接到经会计批注的提货单后，办理发货业务。待发货业务结束后，在提货单上加盖货物付讫章并签名，将提货单交回业务会计。

第三步：当业务会计收到发货业务员的提货单后，向提货人开具出库凭证和出门证。

第四步：出门时，提货人将出门证交给门卫，门卫验证无误后才能放行。

第五步：当日出库工作结束后，门卫将出门证交给业务会计，业务会计将出门证与已经回笼的提货单逐一核对。如果发现提货单或者出门证不符，应该立即追查原因，并进行妥善处理。

五、商品出库过程中出现问题的处理

商品在出库过程中可能会出现很多问题，正确处理这些问题可以挽回公司和客户的损失。针对各种不同的问题应该采取不同的处理方法。

1. 出库凭证（提货单）上的问题及处理

（1）凡出库凭证超过提货期限，用户前来提货，必须先办理手续，按规定缴足逾期仓储保管费，方可发货。

（2）凡发现出库凭证有疑点，或者情况不清楚，以及出库凭证发现有假冒、复制、涂改等情况时，应及时与仓库保卫部门以及出具出库单的单位或部门联系，妥善处理。提货时，用户发现规格开错，保管员不得自行调换规格发货，必须通过制票员重新开票方可发货。

（3）商品进库未验收，或者货物未进库的出库凭证，一般暂缓发货，并通知货主，待货到并验收后再发货，提货期顺延。

（4）如客户因各种原因将出库凭证遗失，客户应及时与仓库发货员和账务人员联系挂失；如果挂失时货已被提走，保管人员不承担责任，但要协助货主单位找回商品；如果货还没有被提走，经保管人员和账务人员查实后，做好挂失登记，将原凭证作废，缓期发货。

2. 提货数与实存数不符

若出现提货数与商品实存数不符的情况，一般是实存数小于提货数。造成这种问题的原因主要如下：

（1）商品入库时，由于验收问题，增加了实收商品的签收数量，从而造成账面数大于实存数。

（2）仓库保管人员和发货人员在以前的发货过程中，因错发、串发等差错造成实际商品库存数小于账面数。

（3）货主单位没有及时核减开的提货数，造成库存账面数大于实际储存数，从而使开出的提货单数量过大。

（4）仓储过程中造成的货物的毁损。

当遇到提货数量大于实际商品库存数量时，无论是何种原因造成的，都需要和仓库主管部门以及货主单位及时取得联系后再做处理。

3. 串发货和错发货

串发货和错发货主要是指发货人对商品种类规格不熟悉的情况下，或者由于工作中的疏漏，把错误规格、数量的商品发出库的情况。在这种情况下，如果商品尚未离库，应立即组织人力，重新发货。如果商品已经提出仓库，保管人员要根据实际库存情况，如实行本库主管部门和货主单位讲明串发和错发货的品名、规格、数量、提货单位等情况，会同货主单位和运输单位共同协商解决。一般在无直接经济损失的情况下，由货主单位重新按实际发货数冲单（票）解决。如果已产生直接经济损失，应按赔偿损失单据冲转调整保管账。

4. 包装破漏

包装破漏是指在发货过程中，因商品外包装破散、砂眼等现象引起的商品渗漏、裸露等问题。这种问题主要是在储存过程中因堆垛挤压、发货装卸操作不慎等情况引起的，发货时都应经过整理或更换包装，方可出库，否则应由仓储部门承担造成的损失。

5. 漏记和错记账

漏记账是指在商品出库作业中，由于没有及时核销商品明细账而造成账面数量大于或小于实存数的现象。错记账是指在商品出库后核销明细账时没有按实际发货出库的商品名称、数量登记，从而造成账实不符的情况。无论是漏记账还是错记账，一经发现，除及时向有关领导如实汇报情况外，同时还应根据原出库凭证查明原因调整保管账，使之与实际库存保持一致。如果漏记和错记账给货主单位、运输单位和仓储单位造成经济损失，应予赔偿，同时追究相关人员的责任。

6. 退货处理

商品出库后，因出库时发生差错造成的商品退货，这时要对这部分商品进行妥善处理，才能树立企业形象，最大限度地挽回经济损失。由于提货单位任务变更或其他原因要求退货时，可经有关方同意，办理退货。退回的货物必须符合原发的数量和质量，并严格验收，重新办理入库手续。当然，未移交的货物则不必检验。若经协商或经有关部门批准需要退货时，其往返费用由相关责任方依据合同确定的责任方承担。

模块八

在库管理

任务一　退货验收

学习目标

【知识目标】

（1）了解退货的原因。

（2）了解退货封箱、堆放的标准。

（3）熟悉退货处理的方法。

【能力目标】

（1）能够进行正确的退货封箱、堆放。

（2）能够进行规范的退货处理。

任务描述

2019 年 9 月 20 日，浙江某一鞋业公司在线出售了 30 双运动鞋给一位姓李的客户。在 9 月底的时候，李客户以鞋子有刮痕和做工有瑕疵为由，将 30 双鞋子都退了回去。如果你是这家鞋业公司的退货处理员，你将如何处理这批鞋子？

任务分析

（1）设备：货物、包装箱、电脑、纸、笔。

（2）资料：退货信息单、差异单。

（3）学生分组：每 3 ~ 5 名同学为一组，每组设一名组长，组员间进行分工合作。

知识平台

一、系统开单

一般公司的销售运营都由线上系统操作，因此退货验收前，都要让店铺人员开系统退货单（有的是由商品部人员开单），这样才能保证货品验收有系统的扫描验证功能来支持。与出库一样，货品经过系统的报警提示，才能最大限度地避免误差。

（备注：现今有的分公司退货验收是反向操作，先由仓库采集数据，再提交给店铺人员开单，这样容易造成账目差异。如仓库员工误操作、货品吊牌信息不准确、店铺开单开错、差异很难处理等问题）

二、扫描验收

仓库员工在拉货品至扫描台验收前，要先核对到货登记信息，清楚该家店铺的退货箱数，如果有登记错误或者箱数不准，就要寻找原因，避免验收后出现大量差异的问题。

每验收完一箱，要及时保存装箱，并核对退货装箱明细，有数量差异时要做好登记，待全部货品验收完成后，再看系统总数是否与验收数量一致。

三、差异处理

验收完成，如果系统总数与验收数量不一致，即为产生差异。差异有多种原因，仓库也要有不一样的处理方式。差异单详见表 8-1-1。

表 8-1-1　差异单

拣配仓库：浙江中转仓

客户（售达方）:（关闭）嘉兴市海盐县西塘村专卖

交货单号：8000362028

产品类别：服装

交货类型：退货库存转移单

店铺性质：自营

送达店铺：嘉兴市海盐县西塘村西场北路××

到货日期：2019-09-20

行项目	批次	物料号	物料描述	交货数量	已扫描	差异数量
1060	ZJTH	11214102124001S	男翻领短袖 T 恤，正黑，S	3	0	3
1050	ZJTH	12213202322604M	女微领短袖 T 恤，深湖蓝，M	2	0	2
1040	ZJTH	11214202261001XL	男翻领短袖 T 恤，正白，XL	1	0	1
1030	ZJTH	11214102623003L	男圆领短袖针织衫，正黑，L	3	0	3
1020	ZJTH	11214202509601M	男圆领短袖针织衫，西瓜橙，2XL	1	0	1
1010	ZJTH	11214202509601M	女微领短袖 T 恤，黛蓝，M	3	0	3
1000	ZJTH	11214202261603XL	男翻领短袖 T 恤，黛蓝，XL	2	0	2
990	ZJTH	12214202509003S	女微领短袖 T 恤，正白，S	2	0	2

（1）差异货品与系统数据同款不同色或不同码，称为窜色窜码。对于这一问题，仓库统计可以将退货单接收入账，并做内部调账，保证账物相符。

（2）差异货品与系统数据不同款，这就不能内部调账，因为会有价格上的差异。此时要将系统单的差异账目删除退回店铺库存，并将实物货品信息反馈给店铺人员，让其根据实物开单，最后仓库再进行接收入账，保证账物相符。

（3）系统总数与验收实物总数不符，此为数量差异。此时要再次核对每箱明细，进行汇总，确认真实情况。因为可能是仓库员工验收不规范导致的数量不一致。如果是员工操作问题，需要找出差异保证验收准确。如果数量差异确实存在，就会产生两个结果：一是实物大于系统数量，可以让店铺补开系统退货单，仓库接收入库；二是实物少于系统数量，这是店铺人员失误，仓库可以将差异账目退回店铺库存，或者让店铺补回差异实物（见图 8-1-1）。

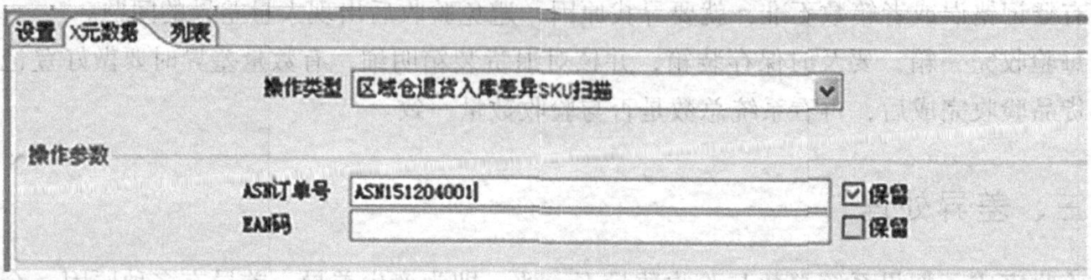

图 8-1-1　差异处理

验收退货要求概括起来就是：对箱数、对明细、产生差异及时处理。

四、验收摆放

验收完成的退货货品需与未验收的退货区分开来：一是为了能跟进退货进度；二是避免员工的重复劳动；三是为了保证后期退货整理有足够的周转空间。

任务实施

步骤一：了解退货的原因。

（1）瑕疵品回收；

（2）搬运中损坏；

（3）商品送错退回；

（4）商品过期退回。

步骤二：确定退货处理的方法。

（1）无条件重新发货；

（2）运输单位赔偿；

（3）收取费用，重新发货；

（4）重新发货或替代：产品有缺陷。

步骤三：了解退货封箱标准。

（1）封箱前需要将退货单放在退货门店的物流箱内；

（2）把退货货品按照供应商、日期、货品状态分类整理装箱。

（3）在包装箱上注明供应商名称、货品名称、生产日期、数量。

步骤四：将退回的货物放置在专门的退货品区，并与其他商品分开放置。

任务二　退货处理

学习目标

【知识目标】

（1）了解退货的原因。

（2）了解退货封箱、堆放的标准。

（3）熟悉退货处理的方法。

【能力目标】

（1）能够进行正确的退货封箱、堆放。

（2）能够进行规范的退货处理。

（3）能够规范地进行退货处理。

任务描述

仓管员在整理各种单据时，收到了信息员发来的退货信息。报是主管查明退货原因，并对退货问题进行处理。

任务分析

（1）设备：电脑。

（2）资料：多媒体设备、网络、退货处理资料。

（3）学生分组：每 5 个学生组成了一个学习小组，分角色扮演。

任务实施

步骤一：了解退货的原因。

商品退货是指仓库按订单或合同将货物发出后，由于某种原因，客户将商品退回仓库。发生退货或换货的原因通常有以下几种：

（1）协议退货。

与仓库订有特别协议的季节性商品、试销商品、代销商品等，协议期满后，剩余商品仓库给予退回。

（2）有质量问题的退货。

对于不符合质量要求的商品，接收单位提出退货，仓库也应给予退换。

（3）搬运途中损坏退货。

商品在搬运过程中造成产品包装破损或污染，仓库将给予退回。

（4）商品过期退回。

食品及有保质期的商品在送达接收单位时或销售过程中超过商品的有效保质期，仓库予以退回。

（5）商品送错退回。

送达客户的商品不是订单所要求的商品，如商品条码、品项、规格、重量、数量等与订单不符，都必须退回。

步骤二：熟悉退货作业的程序。

（1）接受退货。

仓库接受退货要有规范的程序与标准，如什么样的货品可以退，由哪个部门来决定，信息如何传递等。

仓库的业务部门接到客户传来的退货信息后，要尽快将退货信息传递给相关部门，运输部门安排取回货品的时间和路线，仓库人员做好接收准备，质量管理部门人员确认退货的原因。一般情况下，退货由送货车带回，直接入库。批量较大的退货，要经过审批程序。

（2）重新入库。

对于客户退回的商品，仓库的业务部门要进行初步的审核。由于质量原因产生的退货，要放在堆放不良品而准备的区域，以免和正常商品混淆。退货商品要进行严格的重新入库登记，及时输入企业的信息系统，核销客户应收账款，并将退货信息通知商品的供应商。

（3）财务结算。

退货发生后，给整个供应系统造成的影响是非常大的，如对客户端的影响、仓库在退货过程中发生的各种费用、商品供应商要承担相应货品的成本等。

如果客户已经支付了商品费用，财务要将相应的费用退给客户。同时，由于销货和退货的时间不同，同一货物价格可能出现差异，同质不同价、同款不同价的问题时有发生，故仓库的财务部门在退货发生时要进行退回商品货款的估价，将退货商品的数量、销货时的商品单价以及退货时的商品单价信息输入企业的信息系统，并依据销货退回单办理扣款业务。

（4）跟踪处理。

退货发生时，要跟踪处理客户提出的意见，要统计退货发生的各种费用，要通知供应商退货的原因并退回生产地或履行销毁程序。退货发生后，首先要处理客户端提出的意见。退货所产生的商品短缺、对质量不满意等客户端的问题是业务部门要重点解决的。退货所产生的物流费用比正常送货高得多，所以要认真统计，及时总结，将此信息反馈给相应的管理部门，以便指定改进措施。退货商品要及时通知供应商，退货的所有信息要传递给供应商，如退货原因、时间、数量、批号、费用、存放地点等，以便供应商能将退货商品取回，并采取改进措施。

退货作业流程如图 8-2-1 所示。

步骤三：角色扮演。

（1）选定角色（见表 8-2-1）。

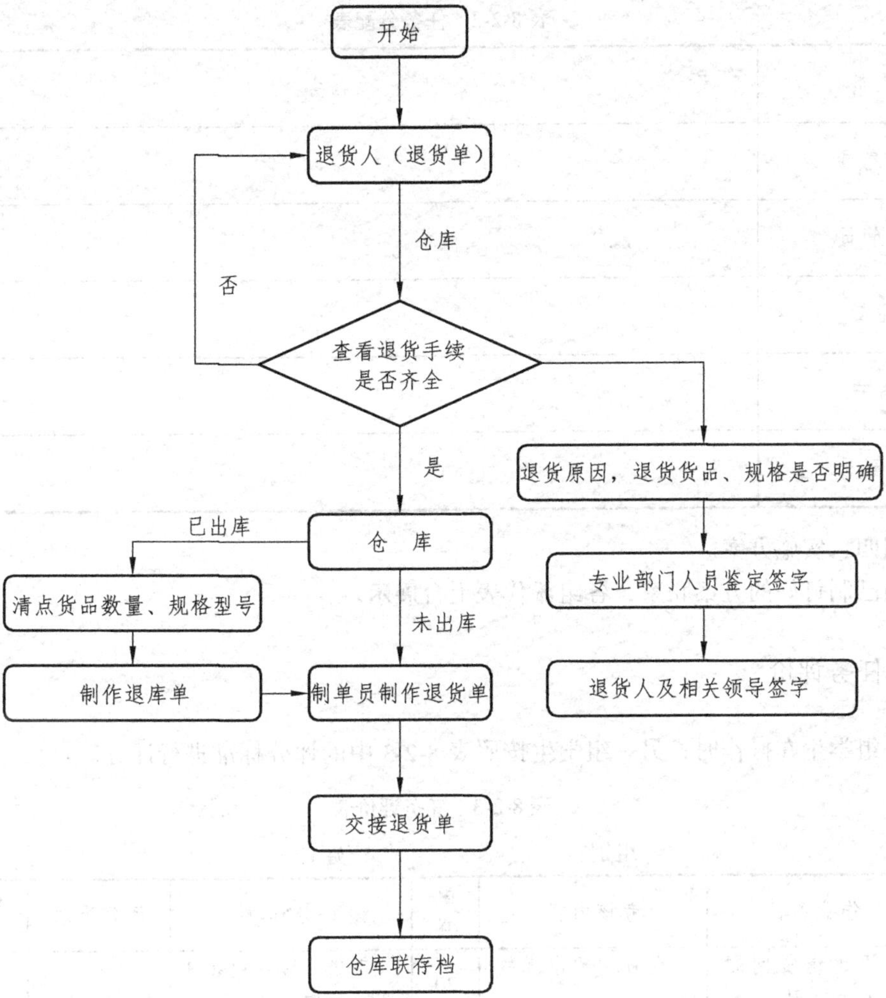

图 8-2-1 退货作业流程

表 8-2-1 选定角色

序号	角色
1	信息员
2	仓管员
3	主管
4	客户
5	观察员

（2）填写任务分配表（见表 8-2-2）。

表 8-2-2　任务分配表

人员	任务
信息员	
仓管员	
主管	
客户	
观察员	

步骤四：实施方案。

按照已制订好的方案联系，各组派代表上台展示。

任务评价

当一组学生在操作时，另一组学生按照表 8-2-3 中的评分标准进行评分。

表 8-2-3　任务评价表

班级：　　　　　　　　　组别：　　　　　　　　　姓名：

序号	作业项目	考核内容	配分	评分标准	评分记录	扣分	得分
1	阐述退货问题出现的原因	退货问题出现的原因	20	每错、漏一项扣 3 分，扣完为止			
2	列举退货处理的解决措施	退货处理的解决措施	25	每少一流程扣 5 分			
				每个流程作业不全面扣 1～4 分			
3	阐述解决退货处理的程序	解决退货处理的程序	30	每错、漏一项扣 5 分，扣完为止			
4	安全文明生产	遵守安全操作规程，正确使用设备，操作现场整洁	10	每错、漏一项扣 5 分，扣完为止			
		安全用电、防火，无人身、设备事故	10	因违规操作发生重大人身和设备事故，此项按 0 分计			
5	团队合作能力	团队合作意识，注重沟通，能自主学习及相互协作	5	不参加者或中途离开者扣 2 分			
6	合计		100				

附录 1：现代物流中心赛样题

一、背景材料

（一）仓储场景

HY 集团有限公司（以下简称 HY 集团）是一家国有大型物流企业，主营业务为仓储、运输、配送和项目物流等，经营范围覆盖全国大部分地区。目前，HY 集团在上海市设立了一个物流中心，物流中心主要开展除易燃易爆危险品之外的普通商品的存储、保管、装卸搬运、流通加工、长途干线运输等业务，暂不受理储运过程中有特殊要求的商品。

第二阶段比赛以 HY 集团上海物流中心的日常业务为背景，结合客户具体要求和企业管理制度，模拟 2018 年 12 月 15 日当天的物流作业场景。

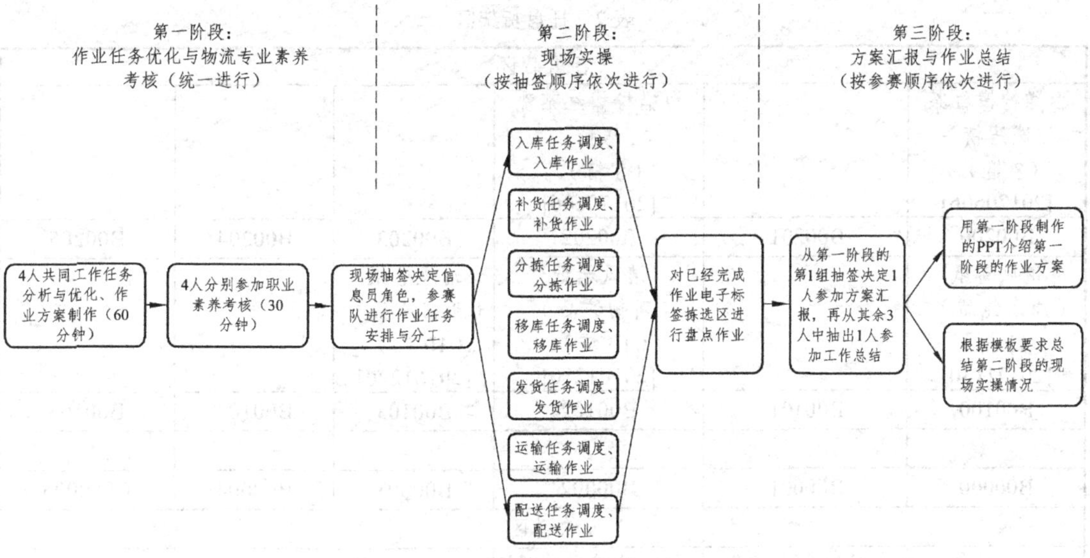

图 1　项目描述

（二）基础信息

1. 初始库存

（1）电子标签拣选区（见表 1）。

表 1　电子标签拣选区

序号	货品条码	货品名称	数量	品类	安全库存	单位
1	6925220721556	统一冰红茶（250 mL）	15	饮料	10	瓶
2	6928804011173	可口可乐	10	饮料	3	瓶

续表

序号	货品条码	货品名称	数量	品类	安全库存	单位
3	6920459905012	康师傅冰红茶	18	饮料	3	瓶
4	6921168509256	农夫山泉	6	饮料	13	瓶
5	6901285991219	怡宝矿泉水	10	饮料	3	瓶
6	6922266437359	清风卷纸（新韧纯品）	10	日用品	3	卷
7	6901894121670	白猫柠檬红茶洗洁精	18	日用品	10	瓶
8	6902083886455	娃哈哈营养快线	10	饮料	3	瓶
9	6925303721367	统一绿茶	7	饮料	0	瓶
10	6922266452154	清风卷纸（原木纯品）	9	日用品	0	卷
11	6928804013740	冰露矿泉水	12	饮料	3	瓶
12	6924882496116	百事可乐	10	饮料	3	瓶

（2）托盘货架区（方括号内数字表示批号，见表2）。

表2　托盘货架区

日用品区					
白猫柠檬红茶洗洁精 （8箱） [20170606]		白猫柠檬红茶洗洁精 （8箱） [20170606]			
B00200	B00201	B00202	B00203	B00204	B00205
清风卷纸 （原木纯品） （12箱） [20171130]		清风卷纸 （新韧纯品） （10箱） [20161210]	清风卷纸 （新韧纯品） （10箱） [20161220]		
B00100	B00101	B00102	B00103	B00104	B00105
B00000	B00001	B00002	B00003	B00004	C000005
饮料区					
	娃哈哈营养快线 （15箱） [20170618]	娃哈哈营养快线 （15箱） [20170807]			
A00200	A00201	A00202	A00203	A00204	B00205
百事可乐 （8箱） [20171101]	百事可乐 （8箱） [20171111]			冰露矿泉水 （5箱） [20170807]	
A00100	A00101	A00102	A00103	A00104	A00105
可口可乐 （5箱） [20170801]	可口可乐 （5箱） 20170801]	农夫山泉 （5箱） [20170728]	农夫山泉 （5箱） [20170807]		冰露矿泉水 （5箱） [20170811]
A00000	A00001	A00002	A00003	A00004	A00005

（3）ABC 分类表（见表 3）。

表 3　ABC 分类表

条码	货品名称	分类
6928804011173	可口可乐	A
6925220721556	统一冰红茶（250 mL）	
6921168509256	农夫山泉	
6922266437359	清风卷纸（新韧纯品）	
6928804013740	冰露矿泉水	B
6924882496116	百事可乐	
9787309018646	图画本	
6925303751395	统一冰红茶（150 mL）	
6922266452154	清风卷纸（原木纯品）	
6902083886455	娃哈哈营养快线	C
6901894121670	白猫柠檬红茶洗洁精	
6925303721398	统一冰红茶（500 mL）	

（4）收货区（见表 4）。

表 4　收货区

货品条码	货品名称	数量	摆放方式	包装规格（mm）
6920459905012	康师傅冰红茶　　　　（批号：20170406）	40 箱	托盘	190×370×270
6925303721395	统一冰红茶（150 mL）（批号：20170102）	30 箱	地面	190×370×270
6925220721556	统一冰红茶（250 mL）（批号：20170102）	15 箱	地面	190×370×270
6925303751398	统一冰红茶（500 mL）（批号：20180102）	30 箱	地面	285×380×270

（5）干线到达区（见表 5）。

表 5　干线到达区

货品条码	货品名称	包装规格（mm）	体积（m³）	重量（kg）	数量	摆放方式
6942886302211	铜锣烧	190×370×27	0.019	5	5 箱	地面
6932904709700	婴儿奶粉	190×370×27	0.019	6	4 箱	地面
9787309018646	图画本	285×380×27	0.029	4	10 箱	地面
6955085419671	儿童吸管	285×380×27	0.029	2	6 箱	地面

（6）客户区（见表 6）。

表6 客户区

客户	货品编码	货品名称	包装规格（mm）	体积（m³）	重量（kg）	数量	摆放方式
好孩子母婴生活馆	6933631517118	水彩笔	190×370×270	0.019	5	6箱	地面
	6926032347743	奶嘴	285×380×270	0.029	6	6箱	地面
ZH童趣店	6902038980256	阿根廷红虾	285×380×270	0.029	6	6箱	地面
	6902083890681	娃哈哈AD钙奶	190×370×270	0.019	5	6箱	地面
晨光文具批发中心	6921734969637	油画棒	285×380×270	0.029	4	6箱	地面
	6922024730043	镁粉	190×370×270	0.019	3	6箱	地面
RH便利店	6921155525001	橄榄油	285×380×270	0.029	6	6箱	地面
	6925303721395	统一冰红茶（150 ml）	190×370×270	0.019	4	6箱	地面
	6925303721395	统一冰红茶（150 ml）	285×380×270	0.029	6	6箱	地面
百事可乐浦东厂	6924882496116	百事可乐	285×380×270	0.029	6	6箱	地面

2. 运输车辆和线路

（1）长途运输班线信息。

物流中心运输部用自有的6辆货车用于发往外地的干线运输作业。干线班车的发运路线、车辆状态、发运时间和预计到达时间等信息如表7所示。

表7 长途运输班线信息

班线	车牌号	经停站	进站时间	发车时间	预计到达时间
上海—重庆	沪A30738	上海—郑州—重庆	8:00	9:30	上海—郑州1天 上海—重庆2天
上海—济南	沪A85796	上海—徐州—济南	22:00	23:30	上海—徐州1天 上海—济南3天
上海—杭州	沪AB0051	无	19:30	21:30	1天
上海—广州	沪A32809	上海—武汉—广州	17:00	19:00	上海—武汉1天 上海—广州2天
上海—福州	沪AH5089	无	14:30	15:30	2天
上海—南京	沪AX7721	无	10:30	13:30	1天

（2）配送车辆信息。

运输部用自有的2辆货车用于市内配送的取派作业。车辆信息如表8所示。

表 8　配送车辆信息

车牌号	司机	最大载重量（kg）
沪 AWKJ01	李×	100
沪 AWKJ02	刘×	100

二、作业任务和要求

1. 移库作业

根据 ABC 分类表进行移库作业：

A 类货品放置在货架一层；

B 类货品放置在货架二层；

C 类货品放置在货架三层。

2. 干线到达作业

2018 年 3 月 1 日 6 时，运输部客服员收到到货通知信息，具体到货信息详见《到货通知单》(见表 9)。请根据《到货通知单》要求，将货物送达客户手中。

表 9　到货通知单

到货通知单号：DHTZD00001

收货信息	收货人	RH 便利店	好孩子母婴生活馆	晨光文具批发中心	ZH 童趣店
	是否送货	是	是	否	是
	收货地址	上海市杨浦区马台街×号	上海市虹口成贤街×号	HY 集团上海物流中心	上海市闸北区金箔路×号
	联系人	王×	冯×	陈×	李×
	联系电话	131828196××	138690876××	180395458××	136324192××
	收货时间	2018 年 3 月 1 日 08:00—12:00	2018 年 3 月 1 日 08:00—15:00	2018 年 3 月 1 日 12:00—15:00	2018 年 3 月 1 日 12:00—15:00
托运信息	托运人	上海杨浦商贸有限公司	上海孩子王母婴用品有限公司	上海进升文化用品有限公司	上海红孩子集团
	联系地址	上海市宝山区大华二路×号	上海市杨浦区杨树浦路×号	上海市浦东新区新浦路×号	上海市闵行区顾戴路×号
	联系人	白×	王×	李×	夏×
	联系方式	139515355××	13600932××	139008765××	158081909××
货品编码		6942886302219	6932904709700	9787309018646	6955085419671

续表

货品名称	铜锣烧	婴儿奶粉	图画本	儿童吸管杯
包装规格（mm）	190×370×270	190×370×270	285×380×270	285×380×270
单位	箱	箱	箱	箱
体积（m^3/箱）	0.019	0.019	0.029	0.029
重量（kg/箱）	5.0	6.0	4.0	5.0
数量	5	5	6	6
备注				

3. 入库作业

按照HY集团的入库要求，按规范完成入库（见表10）。

按照客户RH便利店的退货要求，将退货商品取回，并按规范完成入库，等待进一步处理。（见表11）

表10 入库订单1

订单号	RK20180301	客户名称	HY集团		紧急程度	一般
库房	HY上海仓库	入库类型	正常入库		入库方式	客户自送
计划入库时间	2018年3月1日					
货品编码	货品名称	包装规格（mm）	单位	数量	批号	备注
6925220721556	统一冰红茶（250mL）[批号：20170102]	190×370×270	箱	15	20170102	限高三层
6925303751398	统一冰红茶（500mL）[批号：20180102]	285×380×270	箱	30	20180102	限高三层

表11 入库订单2

订单号	RK20180302	客户名称	RH便利店		紧急程度	一般
库房	HY上海仓库	入库类型	正常入库		入库方式	上门提货
计划入库时间	2018年3月1日					
货品编码	货品名称	包装规格（mm）	重量（kg）	数量（箱）	批号	备注
6925303721395	统一冰红茶（150 mL）	190×370×270	4	6	20170102	限高三层

4. 出库作业

按照HY集团的退货要求，按规范完成出库，并将退货商品退回指定厂家（见表12）。

表12　出库订单1

订单号	CK20180301	客户名称	LH超市		紧急程度	一般
库房	HY上海仓库	出库类型	正常出库		出库方式	送货上门
收货人	百事可乐浦东厂					
计划出库时间	2018年3月1日					
货品编码	货品名称	包装规格	重量（kg）	数量（箱）	批次	备注
6924882496116	百事可乐		6	6		先进先出

按照LH超市的出库要求，按规范完成出库，等待进一步处理（见表13和表14）。

表13　出库订单2

订单号	CK20180302	客户名称	LH超市		紧急程度	一般
库房	HY上海仓库	出库类型	正常出库		出库方式	客户自提
收货人	LH超市（杨浦店）					
计划出库时间	2018年3月1日					
货品编码	货品名称	包装规格	单位	数量	批次	备注
6902083886455	娃哈哈营养快线		瓶	6		
6922266452154	清风卷纸（原木纯品）		卷	4		
6928804011173	可口可乐		箱	8		
6925303721367	统一绿茶		瓶	3		
6928804013740	冰露矿泉水		瓶	4		
6901285991219	怡宝矿泉水		瓶	5		
6901894121670	白猫柠檬红茶洗洁精		瓶	5		

表14　出库订单3

订单号	CK20180303	客户名称	LH超市		紧急程度	一般
库房	HY上海仓库	出库类型	正常出库		出库方式	客户自提
收货人	LH超市（徐汇店）					
计划出库时间	2018年3月1日					
货品编码	货品名称	包装规格	单位	数量	批次	备注
6902083886455	娃哈哈营养快线		瓶	3		

续表

6922266452154	清风卷纸（原木纯品）		瓶	3		
6922266437359	清风卷纸（新韧纯品）		箱	10		
6925303721367	统一绿茶		瓶	3		
6928804013740	冰露矿泉水		瓶	6		
6920459905012	康师傅冰红茶		瓶	8		
6901894121670	白猫柠檬红茶洗洁精		瓶	4		
6925220721556	统一冰红茶（250 mL）		瓶	4		

出库作业规则：

（1）托盘货架区出库时，应遵循先进先出规则，其他存储区无须按此规则出库。

（2）电子拣选区出库时，应根据实际情况确定是否要进行补货作业。

5. 盘点作业

所有出入库作业完成后，对电子拣选区进行盘点，并打印和提交盘点清单。

6. 长途运输作业

根据运输通知单 1 至运输通知单 8（见表 15～22），分工协作完成下列实际操作：

（1）分析运输通知单，在运输通知单处理汇总表中写出处理结果和理由；

（2）完成 3 月 1 日所有的调度、取派作业；

（3）完成 3 月 1 日所有的相关验收、单据交接任务；

（4）完成 3 月 1 日 18:00 前所有长途运输装车任务。

表 15　运输通知单 1

运输通知单号：YSTZD001

<table>
<tr><td colspan="8">托运客户：好孩子母婴生活馆</td></tr>
<tr><td colspan="4">始发站：上海</td><td colspan="4">目的站：杭州</td></tr>
<tr><td colspan="8">托运人：冯×</td></tr>
<tr><td colspan="8">取货地址：上海市虹口成贤街×号</td></tr>
<tr><td colspan="4">联系方式：138690876××</td><td colspan="4">取货时间：2018 年 3 月 1 日 8:00—12:00</td></tr>
<tr><td colspan="8">收货人：杭州 ZT 工贸有限公司（关×）</td></tr>
<tr><td colspan="8">收货地址：杭州市开发区宝源路×号</td></tr>
<tr><td colspan="4">联系方式：135885153××</td><td colspan="4">收货时间：2018 年 3 月 7 日 08:00—15:00</td></tr>
<tr><td>货品条码</td><td>货品名称</td><td>单位</td><td>包装规格（mm）</td><td>体积（m^3/箱）</td><td>重量（kg/箱）</td><td>数量</td><td>备注</td></tr>
<tr><td>6926032347743</td><td>奶嘴</td><td>箱</td><td>285×380×270</td><td>0.029</td><td>6</td><td>6</td><td></td></tr>
</table>

表 16　运输通知单 2

运输通知单号：YSTZD002

<table>
<tr><td colspan="8">托运客户：ZH 童趣店</td></tr>
<tr><td colspan="4">始发站：上海</td><td colspan="4">目的站：广州</td></tr>
<tr><td colspan="8">托运人：李×</td></tr>
<tr><td colspan="8">取货地址：上海市闸北区金箔路×号</td></tr>
<tr><td colspan="4">联系方式：136324192××</td><td colspan="4">取货时间：2018 年 3 月 1 日 12:00—15:00</td></tr>
<tr><td colspan="8">收货人：广州 TL 贸易有限公司（马×）</td></tr>
<tr><td colspan="8">收货地址：广州市前进路×号</td></tr>
<tr><td colspan="4">联系方式：139051722××</td><td colspan="4">收货时间：2018 年 3 月 7 日 08:00—15:00</td></tr>
<tr><td>货品条码</td><td>货品名称</td><td>单位</td><td>包装规格（mm）</td><td>体积（m³/箱）</td><td>重量（kg/箱）</td><td>数量</td><td>备注</td></tr>
<tr><td>6902083890681</td><td>娃哈哈 AD 钙奶</td><td>箱</td><td>190×370×270</td><td>0.019</td><td>5</td><td>6</td><td></td></tr>
</table>

表 17　运输通知单 3

托运通知单号：YSTZD003

<table>
<tr><td colspan="8">托运客户：晨光文具批发中心</td></tr>
<tr><td colspan="4">始发站：上海</td><td colspan="4">目的站：武汉</td></tr>
<tr><td colspan="8">托运人：陈×</td></tr>
<tr><td colspan="8">取货地址：上海市徐汇区中华路×号</td></tr>
<tr><td colspan="4">联系方式：180395458××</td><td colspan="4">取货时间：2018 年 3 月 1 日 12:00—15:00</td></tr>
<tr><td colspan="8">收货人：武汉 BC 工贸公司（刘×）</td></tr>
<tr><td colspan="8">收货地址：武汉市中山南路×号</td></tr>
<tr><td colspan="4">联系方式：139008097××</td><td colspan="4">收货时间：2018 年 3 月 5 日 08:00—10:00</td></tr>
<tr><td>货品条码</td><td>货品名称</td><td>单位</td><td>包装规格（mm）</td><td>体积（m³/箱）</td><td>重量（kg/箱）</td><td>数量</td><td>备注</td></tr>
<tr><td>6921734969637</td><td>油画棒</td><td>箱</td><td>285×380×270</td><td>0.029</td><td>4</td><td>6</td><td></td></tr>
</table>

表 18　运输通知单 4

运输通知单号：YSTZD004

托运客户：晨光文具批发中心							
始发站：上海				目的站：郑州			
托运人：陈×							
取货地址：上海市徐汇区中华路×号							
联系方式：180395458××				取货时间：2018 年 3 月 1 日 08:00—15:00			
收货人：郑州 DB 商贸有限公司（吴×）							
收货地址：郑州市松石支路×号							
联系方式：136618096××				收货时间：2018 年 3 月 8 日 08:00—15:00			
货品条码	货品名称	单位	包装规格（mm）	体积（m^3/箱）	重量（kg/箱）	数量	备注
6922024730043	镁粉	箱	190×370×270	0.019	3	6	

表 19　运输通知单 5

运输通知单号：YSTZD005

托运客户：ZH 童趣店							
始发站：上海				目的站：重庆			
托运人：李×							
取货地址：上海市闸北区金箔路×号							
联系方式：136324192××				取货时间：2018 年 3 月 1 日 08:00—12:00			
收货人：重庆 ACLY 贸易公司（田×）							
收货地址：重庆市南三环木樨园桥东							
联系方式：132699940××				收货时间：2018 年 3 月 7 日 08:00—15:00			
货品条码	货品名称	单位	包装规格（mm）	体积（m^3/箱）	重量（kg/箱）	数量	备注
6902038980256	阿根廷红虾	箱	285×380×270	0.029	6	6	

表 20　运输通知单 6

运输通知单号：YSTZD006

<table>
<tr><td colspan="8">托运客户：RH 便利店</td></tr>
<tr><td colspan="4">始发站：上海</td><td colspan="4">目的站：徐州</td></tr>
<tr><td colspan="8">托运人：王×</td></tr>
<tr><td colspan="8">取货地址：上海市杨浦区马台街×号</td></tr>
<tr><td colspan="4">联系方式：131828196××</td><td colspan="4">取货时间：2018 年 3 月 1 日 8:00—12:00</td></tr>
<tr><td colspan="8">收货人：徐州市家家乐工贸有限公司（施×）</td></tr>
<tr><td colspan="8">收货地址：徐州市江汉区三民路×号</td></tr>
<tr><td colspan="4">联系方式：135828696××</td><td colspan="4">收货时间：2018 年 3 月 6 日 08:00—15:00</td></tr>
<tr><td>货品条码</td><td>货品名称</td><td>单位</td><td>包装规格（mm）</td><td>体积（m³/箱）</td><td>重量（kg/箱）</td><td>数量</td><td>备注</td></tr>
<tr><td>6921155525001</td><td>橄榄油</td><td>箱</td><td>285×380×270</td><td>0.029</td><td>6</td><td>6</td><td></td></tr>
</table>

表 21　运输通知单 7

运输通知单号：YSTZD007

<table>
<tr><td colspan="8">托运客户：RH 便利店</td></tr>
<tr><td colspan="4">始发站：上海</td><td colspan="4">目的站：上海</td></tr>
<tr><td colspan="8">托运人：王×</td></tr>
<tr><td colspan="8">取货地址：上海市杨浦区马台街×号</td></tr>
<tr><td colspan="4">联系方式：131828196××</td><td colspan="4">取货时间：2018 年 3 月 1 日 12:00—15:00</td></tr>
<tr><td colspan="8">收货人：HY 集团上海物流中心（程×）</td></tr>
<tr><td colspan="8">收货地址：HY 集团上海物流中心</td></tr>
<tr><td colspan="4">联系方式：181054122××</td><td colspan="4">收货时间：2018 年 3 月 4 日 08:00—12:00</td></tr>
<tr><td>货品条码</td><td>货品名称</td><td>单位</td><td>包装规格（mm）</td><td>体积（m³/箱）</td><td>重量（kg/箱）</td><td>数量</td><td>备注</td></tr>
<tr><td>6925303721395</td><td>统一冰红茶（150 mL）</td><td>箱</td><td>285×380×270</td><td>0.029</td><td>6</td><td>6</td><td></td></tr>
</table>

表 22　运输通知单 8

运输通知单号：YSTZD008

托运客户：好孩子母婴生活馆							
始发站：上海				目的站：天津			
托运人：冯×							
取货地址：上海市虹口成贤街×号							
联系方式：138690876××				取货时间：2018 年 3 月 1 日 08:00—15:00			
收货人：天津乐天工贸有限公司（李×）							
收货地址：天津市开发区宝源路×号							
联系方式：136985153××				收货时间：2018 年 3 月 1 日 08:00—15:00			
货品条码	货品名称	单位	包装规格（mm）	体积（m^3/箱）	重量（kg/箱）	数量	备注
6933631517118	水彩笔	箱	190×370×270	0.019	5	6	

任务实施

步骤一：作业方案优化。

步骤二：作业实操。

步骤三：作业实操总结。

步骤四：任务评价。

任务评价如表 23 所示。

表 23　任务评价

序号	考核内容	作业环节	说明	级别	分值
1	作业任务优化	出入库汇总报表准确性	遗漏记录，统计时间不对，排序不对等，每条记录只记一次，按记录累计	—	10
		ABC 分类准确性	遗漏记录，统计时间不对，分类不准确等，每条记录只记一次，按记录累计	—	10
		货位规划准确性	遗漏记录，规划结果不准确等，每条记录只记一次，按记录累计	—	10
		提交的 Word、PPT	没有按模板要求提供内容、字体和布局不准确，Word 和 PPT 中出现错字、语句不通的错误，按出现次数计数	—	3

续表

序号	考核内容	作业环节	说明	级别	分值
2	实操环节	订单处理	各种订单需要输入的字段不正确（按错误出现次数计数）	2 级	0.4
			各种订单项目填写错误及遗漏，项目包括数量、备注、签字等（按错误出现次数计数）	4 级	1
		入库作业	未沟通：仓管员在单据交接中没有与送货人员进行语言沟通（按订单计数）	3 级	0.6
			拒收货品未整理：对于拒收的问题货物未能码放整齐，按出现次数计数	3 级	0.6
			没有找出的破损、污损、未封箱、错误货品以及把正常货品当错误货品拒收（按箱计数）	5 级	2
		出库作业	未沟通（按订单计数）：仓管员在单据交接中没有与接货人员进行语言沟通（按订单计数）	3 级	0.6
		拣选操作	未规范灭灯：不用手掌或指肚，而是用其他方式（按发生次数计数）	4 级	1
		盘点	盘点后货品码放不规整（按货位计算次数）	4 级	1
			盘点结果与实际库存数量不符（按库存记录计算次数）	6 级	3
		取派调度	出现漏取、漏派订单；单车取/送货总体积超过车辆最大容积（按发生次数计数）	5 级	3
			不同的取派车辆同一时间安排了同一个司机；调度人员忘记在《取/派通知单》上签名；《取/派通知单》留底联或是交付错误（按发生次数计数）		
		手动搬运车操作	进退叉失误（按发生次数计数）：在插取和退出过程中货叉与托盘相剐蹭	2 级	0.4
			行进起降叉（按发生次数计数）	2 级	0.4
			不规范停放（按发生次数计数）：包括停放时手动搬运车牵引杆未扭转 90°刹车；停放时未降叉	4 级	1
		叉车操作	未按规范上车：左手扶安全把手、右手扶座椅、左脚登踏、正确系上安全带和佩戴安全帽（以上步骤少做一步计数 1 次）	1 级	0.4
			未按规范起步：合上电源总开关，闭合方向开关，鸣笛，松开驻车制动，上升货叉，门架后仰（以上步骤少做一步计数 1 次，顺序不正确只计数 1 次）	2 级	0.6

续表

序号	考核内容	作业环节	说明	级别	分值
2	实操环节	叉车操作	未按规范停车下车：减速停车，门架回位，车轮回正，拉紧驻车制动，方向开关回位，关闭电锁，切断总电源，规范下车（以上步骤少做一步计数 1 次，顺序不正确只计数 1 次）	2 级	0.6
			货叉离地距离（叉车行驶时）：叉车在行驶时，货叉离地距离不在 30 ~ 40 cm（在同一区域只计数 1 次）	3 级	1
			紧急制动使用不当：制动过程出现拖痕（按发生次数计数）	5 级	5
			叉车与其他设备设施发生剐蹭或碰撞：叉车与其他设备设施发生剐蹭或碰撞，包括托盘、货物、货架等（按发生次数计数）	4 级	3
			未按取货八步：驶进货位、垂直门架、调整叉高、进叉取货、微提货叉、后倾门架、驶离货位、调整叉高要求进行叉取货物（以上步骤少做一步计数 1 次，顺序不正确只计数 1 次）	2 级	0.6
			未按卸载八步：驶进货位、垂直门架、调整叉高、进车对位、落叉卸货、退车抽叉、后倾门架、调整叉高进行卸载货物（以上步骤少做一步计数 1 次，顺序不正确只计数 1 次）	2 级	0.6
			叉车行驶中出现轮胎离地（按发生次数计数）	5 级	5
			起步前没有按巡检要求进行检查，检查项目为：门架、前后轮胎、仪表（按发生次数计数）	1 级	0.4
			入库停车时，叉车超出定位线	2 级	0.6
			叉取货物未能一次成功（按调整次数计数）	2 级	0.6
			货物掉落（按货物掉落的箱数计数）	4 级	3
			入库货位未按作业单指示准确入库，或者未完成本阶段作业	4 级	3
			移库货位未按作业单指示准确移库，或者未完成本阶段作业	4 级	3
			叉车行驶中升降货叉	3 级	1
			叉车转向时未打转向灯	3 级	1
		电动托盘车操作	不规范停放（按出错次数累计）：包括停放时未按照规范停车；停放时未降叉	4 级	1
			进退叉失误（按发生次数累计）：在插取和退出过程中货叉与托盘出现明显剐蹭	2 级	0.4
			行进起降叉（按发生次数累计）	2 级	0.4

续表

序号	考核内容	作业环节	说明	级别	分值
2	实操环节	5S 管理	补货后空纸箱未回收、周转箱未归位（按箱数计数）；安全帽未归位；阶段结束后，叉车、手动搬运车、电动托盘搬运车未归位（按未归位设备计数）；工作台上工具未归位	3 级	0.6
			未向裁判报告检查情况	4 级	1
		手持设备操作	手持设备与其他设备设施碰撞，或者手持设备离开操作员（按发生次数计数）	4 级	1
			手持设备跌落（按发生次数计数）	5 级	2
			运动中操作手持设备，包括在操作其他设备过程中同时使用手持设备（按发生次数计数）	2 级	0.4
		规范要求	《入库单》纸质单据没有打印出来，就开始收货和验货	6 级	3
			送货人没有签字，就把货品拉出收货理货区		
			《出库单》纸质单据没有打印出来，就开始托盘货架区的出库和电子拣选		
			库存核对错误（按库存记录计数）：实际库存结果与仓储管理系统库存不匹配	6 级	3
		规范要求	收货、发货和盘点，必须由仓管员做交接（按错误出现次数计算次数）	5 级	2
			非仓管员填写订单（按发生次数计数）：操作员或信息员来填写《入库单》《出库单》和《盘点结果单》的内容		
		安全	参赛队员没有驾驶叉车的情况下直接进入托盘货架区（按发生次数计数）	4 级	1
			货物或人员及设备压实线或超出区域（按货物按箱计数，人员和设备按发生次数计数）	4 级	1
			货物整箱掉落（按货品掉落的箱数计数）	4 级	1
			货物散件掉落（按货品掉落的个数计数）	3 级	0.6
			作业过程中参赛队员、设备、设施之间发生碰撞或者人员摔倒；从舵柄（手柄）中间操作升降杆（按发生次数计数）	4 级	1
			置设备于无人看管（按发生次数计数，设备移动作为计数点）	2 级	0.4

续表

序号	考核内容	作业环节	说明	级别	分值
2	实操环节	安全	通道中所有设备出现人车分离的情况都属于无人看管	2级	0.4
			设备放置在区域中，操作者离开该区域属于无人看管，但是如果该区域还有其他无设备的人员，可以视为将设备交接给这个无设备的人员，这种情况不属于无人看管		
			设备只要和使用者在同一功能区域，且得到合理处置（刹车），不属于无人看管		
3	方案汇报与作业总结	内容完整性	是否按要求的内容进行汇报，每缺1项内容扣10分	—	10
		语言表达	使用方言导致无法听懂，最多只扣1次	—	10
			陈述过程中3次以上停顿扣分，陈述中出现明显的口头禅，声音过小，听不清楚等情况各扣1次，相同问题不累加	—	3
		时间控制	在5分钟内未完成总结陈述扣5分，最多只扣1次		5
			陈述时间3分钟以下，最多只扣1次		8

备注：

1. 级别是按综合操作安全、操作规范进行划分，分为1到6级，危险程度和规范要求程度依次增加，对应的分数分别为：1级0.2，2级0.4，3级0.6，4级1，5级2，6级3。

2. 当参赛队出现本表没有定义的危险或不规范动作时，裁判记录比赛的情况，并由裁判组和仲裁组共同确定具体的分值。

3. 在任何时候，如果裁判认为有必要，经裁判长同意，可以终止参赛队的比赛

附录 2：现代物流中心现场综合作业操作规范

表 24　任务评价

序号	考核内容	作业环节	说明	级别	分值
1	作业任务优化	出入库汇总报表准确性	遗漏记录，统计时间不对，排序不对等，每条记录只记一次，按记录累计	—	10
		ABC 分类准确性	遗漏记录，统计时间不对，分类不准确等，每条记录只记一次，按记录累计	—	10
		货位规划准确性	遗漏记录，规划结果不准确等，每条记录只记一次，按记录累计	—	10
		提交的 Word、PPT	没有按模板要求提供内容、字体和布局不准确，Word 和 PPT 中出现错字、语句不通的错误，按出现次数计数	—	3
2	实操环节	订单处理	各种订单需要输入的字段不正确（按错误出现次数计数）	2 级	0.4
			各种订单项目填写错误及遗漏，项目包括数量、备注、签字等（按错误出现次数计数）	4 级	1
		入库作业	未沟通：仓管员在单据交接中没有与送货人员进行语言沟通（按订单计数）	3 级	0.6
			拒收货品未整理：对于拒收的问题货物未能码放整齐，按出现次数计数	3 级	0.6
			没有找出的破损、污损、未封箱、错误货品以及把正常货品当错误货品拒收（按箱计数）	5 级	2
		出库作业	未沟通（按订单计数）：仓管员在单据交接中没有与接货人员进行语言沟通（按订单计数）	3 级	0.6
		拣选操作	未规范灭灯：不用手掌或指肚，而是用其他方式（按发生次数计数）	4 级	1
		盘点	盘点后货品码放不规整（按货位计算次数）	4 级	1
			盘点结果与实际库存数量不符（按库存记录计算次数）	6 级	3
		取派调度	出现漏取、漏派订单；单车取/送货总体积超过车辆最大容积（按发生次数计数）	5 级	3
			不同的取派车辆同一时间安排了同一个司机；调度人员忘记在《取/派通知单》上签名；《取/派通知单》留底联或是交付错误（按发生次数计数）		
		手动搬运车操作	进退叉失误（按发生次数计数）：在插取和退出过程中货叉与托盘相剐蹭	2 级	0.4
			行进起降叉（按发生次数计数）	2 级	0.4
			不规范停放（按发生次数计数）：包括停放时手动搬运车牵引杆未扭转 90°刹车；停放时未降叉	4 级	1

续表

序号	考核内容	作业环节	说明	级别	分值
2	实操环节	叉车操作	未按规范上车：左手扶安全把手、右手扶座椅、左脚登踏、正确系上安全带和佩戴安全帽（以上步骤少做一步计数1次）	1级	0.4
			未按规范起步：合上电源总开关，闭合方向开关，鸣笛，松开驻车制动，上升货叉，门架后仰（以上步骤少做一步计数1次，顺序不正确只计数1次）	2级	0.6
			未按规范停车下车：减速停车，门架回位，车轮回正，拉紧驻车制动，方向开关回位，关闭电锁，切断总电源，规范下车（以上步骤少做一步计数1次，顺序不正确只计数1次）	2级	0.6
			货叉离地距离（叉车行驶时）：叉车在行驶时，货叉离地距离不在30～40 cm（在同一区域只计数1次）	3级	1
			紧急制动使用不当：制动过程出现拖痕（按发生次数计数）	5级	5
			叉车与其他设备设施发生剐蹭或碰撞：叉车与其他设备设施发生剐蹭或碰撞，包括托盘、货物、货架等（按发生次数计数）	4级	3
			未按取货八步：驶进货位、垂直门架、调整叉高、进叉取货、微提货叉、后倾门架、驶离货位、调整叉高要求进行叉取货物（以上步骤少做一步计数1次，顺序不正确只计数1次）	2级	0.6
			未按卸载八步：驶进货位、垂直门架、调整叉高、进车对位、落叉卸货、退车抽叉、后倾门架、调整叉高进行卸载货物（以上步骤少做一步计数1次，顺序不正确只计数1次）	2级	0.6
			叉车行驶中出现轮胎离地（按发生次数计数）	5级	5
			起步前没有按巡检要求进行检查，检查项目为：门架、前后轮胎、仪表（按发生次数计数）	1级	0.4
			入库停车时，叉车超出定位线	2级	0.6
			叉取货物未能一次成功（按调整次数计数）	2级	0.6
			货物掉落（按货物掉落的箱数计数）	4级	3
			入库货位未按作业单指示准确入库，或者未完成本阶段作业	4级	3
			移库货位未按作业单指示准确移库，或者未完成本阶段作业	4级	3
			叉车行驶中升降货叉	3级	1
			叉车转向时未打转向灯	3级	1

续表

序号	考核内容	作业环节	说明	级别	分值
2	实操环节	电动托盘车操作	不规范停放（按出错次数累计）：包括停放时未按照规范停车；停放时未降叉	4级	1
			进退叉失误（按发生次数累计）：在插取和退出过程中货叉与托盘出现明显剐蹭	2级	0.4
			行进起降叉（按发生次数累计）	2级	0.4
		5S管理	补货后空纸箱未回收、周转箱未归位（按箱数计数）；安全帽未归位；阶段结束后，叉车、手动搬运车、电动托盘搬运车未归位（按未归位设备计数）；工作台上工具未归位	3级	0.6
			未向裁判报告检查情况	4级	1
		手持设备操作	手持设备与其他设备设施碰撞，或者手持设备离开操作员（按发生次数计数）	4级	1
			手持设备跌落（按发生次数计数）	5级	2
			运动中操作手持设备，包括在操作其他设备过程中同时使用手持设备（按发生次数计数）	2级	0.4
		规范要求	《入库单》纸质单据没有打印出来，就开始收货和验货	6级	3
			送货人没有签字，就把货品拉出收货理货区		
			《出库单》纸质单据没有打印出来，就开始托盘货架区的出库和电子拣选		
			库存核对错误（按库存记录计数）：实际库存结果与仓储管理系统库存不匹配	6级	3
			收货、发货和盘点，必须由仓管员做交接（按错误出现次数计算次数）	5级	2
			非仓管员填写订单（按发生次数计数）：操作员或信息员来填写《入库单》《出库单》和《盘点结果单》的内容		
		安全	参赛队员没有驾驶叉车的情况下直接进入托盘货架区（按发生次数计数）	4级	1
			货物或人员及设备压实线或超出区域（按货物按箱计数，人员和设备按发生次数计数）	4级	1
			货物整箱掉落（按货品掉落的箱数计数）	4级	1
			货物散件掉落（按货品掉落的个数计数）	3级	0.6

续表

序号	考核内容	作业环节	说明	级别	分值
2	实操环节	安全	作业过程中参赛队员、设备、设施之间发生碰撞或者人员摔倒；从舵柄（手柄）中间操作升降杆（按发生次数计数）	4 级	1
			置设备于无人看管（按发生次数计数，设备移动作为计数点）	2 级	0.4
			通道中所有设备出现人车分离的情况都属于无人看管		
			设备放置在区域中，操作者离开该区域属于无人看管，但是如果该区域还有其他无设备的人员，可以视为将设备交接给这个无设备的人员，这种情况不属于无人看管		
			设备只要和使用者在同一功能区域，且得到合理处置（刹车），不属于无人看管。		
3	方案汇报与作业总结	内容完整性	是否按要求的内容进行汇报，每缺 1 项内容扣 10 分	—	10
		语言表达	使用方言导致无法听懂，最多只扣 1 次	—	10
			陈述过程中 3 次以上停顿扣分，陈述中出现明显的口头禅，声音过小，听不清楚等情况各扣 1 次，相同问题不累加	—	3
		时间控制	在 5 分钟内未完成总结陈述扣 5 分，最多只扣 1 次		5
			陈述时间 3 分钟以下，最多只扣 1 次		8

备注：

1. 级别是按综合操作安全、操作规范进行划分，分为 1 到 6 级，危险程度和规范要求程度依次增加，对应的分数分别为，1 级 0.2，2 级 0.4，3 级 0.6，4 级 1，5 级 2，6 级 3。

2. 当参赛队出现本表没有定义的危险或不规范动作时，裁判记录比赛的情况，并由裁判组和仲裁组共同确定具体的分值。

3. 在任何时候，如果裁判认为有必要，经裁判长同意，可以终止参赛队的比赛

备注：该附录材料取自中职物流国赛举办相关单位。

参考文献

[1] 黄静．仓储管理实务[M]．3 版．大连：大连理工大学出版社，2012.
[2] 李建奇．高等职业教育研究与实践[M]．北京：科学出版社，2006.
[3] 高等教育出版社教材发展研究所课题组. 面向 21 世纪中等职业学校课程与教材改革论文集[M]．北京：高等教育出版社，2000.
[4] 褚阳．“理实结合、课证融通”的“仓储与配送管理实务”课程教学设计[J]．职业教育研究，2014（1）.
[5] 王素华．仓储与配送管理[M]．重庆：重庆大学出版社，2012.
[6] 刘阳威．物流仓储管理实务[M]．北京：电子工业出版社，2013.
[7] 贺嵘．仓储与配送实务[M]．北京：清华大学出版社，2012.
[8] 卢桂芬．仓储与配送实务[M]．北京：中国人民大学出版社，2010.
[9] 周晓红，黄映华．仓储作业实务[M]．北京：科学出版社，2011.
[10] 刘春斌，王凌社．现代仓储管理实务[M]．长沙：湖南大学出版社，2012.
[11] 张涛．仓储管理实务[M]．北京：中央广播电视大学出版社，2011.
[12] 陆超．仓储管理实务[M]．北京：高等教育出版社，2007.